ライフコーチング

自分を強く育てる習慣

はじめに

いきなりですが質問です。

あなたは、なぜ本書を開いたのでしょうか。

「自分を強くする」というテーマの本は、すでにたくさんあります。

メンタルを鍛えるトレーニングだったり、プレッシャーに打ち勝つ方法だったり、追い詰められたときの対処法だったり、いずれにしても「強くなる」ことをテーマにしています。

でも、この本はそうした従来のものとはまったく違います。


この本は「自分を知ること」をテーマにしています。

自分を強く育てるとは、自分を知ることだからです。

「どうして自分を知ると強くなれるの？」と思うかもしれませんが、自分のことを一番わかっていないのは他ならぬ自分自身かもしれません。

平気で責任転嫁する人、感情的になってすぐ怒る人、理不尽なことを押しつけてくる人、人に迷惑をかけても何とも思っていない人……。

このような人たちに対して、つい言葉を飲み込んでしまったり、断りたいのに断れなかったりという経験はありませんか。

思っていることをストレートに言葉にしなかったのは、なぜでしょうか。


ボクたちは生まれた瞬間から常に評価され続けてきました。

お母さんのお腹の中から出てきた瞬間、誰かの勝手な基準によって「かわいい」「ぶさいく」などと評価を受けます（言葉に出すかどうかは別のお話です）。

赤ちゃんの頃は、何かをするたびに「すごーい」と言われます。

ちょっと大きくなって、大人の都合に合う行動をすると「いい子だね」と褒められます。

逆に迷惑をかけたり、危ないことをしたりすると「ダメ」と叱られます。

こうしてひとつひとつの行動に対して、周囲から評価され続けてきました。


ここで評価の良し悪しを論じるつもりはありませんが、ボクたちは評価され続けたことにより、人から評価されることが、あまりにも当たり前になってしまっているのかもしれません。

問題は評価の基準は絶対ではないし、一定でもないということです。

同じことをやっても、人によって評価は変わります。

ある人は褒めてくれるけれど、ある人は褒めてくれない。ある人は「ありがとう」とお礼を言ってくれるけれど、ある人は当然のような顔をして何も反応がなかった。

こうしたことは、誰でも経験していることではないでしょうか。


それでも、ボクたちは良い評価がほしくて頑張ってしまいます。

頑張って、頑張って、頑張って、どこまで頑張っても、さらに褒めてもらうために、自分でもわからないほど頑張り続けてしまいます。正直、これがしんどい……。

このしんどさをどうにかしようと、「強くなりたい」と思うのはごく自然なことです。

でも、しんどさを解決する強さは本当に必要でしょうか。

実は、自分を押し殺しているので、強さが必要だと感じているのかもしれません。

会社員時代、ボクは良い評価をもらうために、いつも全力で走り続けていました。でも、会社を辞めて気づいたのです。

会社で評価に使っていた「ものさし」（たとえばそれは「課長に昇進すれば一人前」という暗黙の基準）は、会社を辞めた途端にまったく意味のないものになる、ということに。逆に評価への拠りどころがなくなって、何を追いかければ良いのかわからなくなった時期もありました。

それだけ人からの評価に依存していたということでしょう。

自立とは「自分のことを自分で評価する」ということであり、それこそが本書で育てようとする「強さ」です。

前置きが長くなりましたが、この本では、自分を知るために、ライフコーチングについてお伝えしています。

本来、ライフコーチングとは、人生を真剣に生きたいクライアントの成長を支援する、コーチとクライアントの総合力で織り成すパートナーシップのことですが、本書がそのコーチの役割を担うことを願っています。


自分と向き合い、自分について学び、本当の強さを手にすることで、誰でも自分の人生を歩み始めたことを実感できます。

自分について学ぶことに終わりはありません。

それほど自分とは不確かなもので、不確かだからこそ、いとも簡単に不安や弱さを生み出します。


本書を読み進めることで、自分のありたい姿に向けて「今がどんな状態なのか」「強くなりたいと思う本当の原因は何なのか」などが明らかになり、さらには自分の人生を自分で評価できるようになります。


人は誰でも、無意識の中にある「自分とは」という設定通りの生き方をしていくものです。

あなたは「どんな人」という設定になっていますか。

そしてあなたは、どんな人ですか。

その答えを一緒に探していきましょう。

著者

STEP 0

もくじ

自分を知るためのストレッチ

STEP 1

感情にフォーカスする

- 感情や感覚に意識を向ける
- 「感じる」と「考える」は違うもの
- 自分自身でキャッチできているか
- 怒りは二次的感情
- 感情は自分自身で選択している
- 感情は振り子
- 感情や感覚を磨くトレーニング

STEP 2

自分と対話して確認する

STEP 3

受け入れ、認め、あきらめる

●「受け入れる」「認める」ステップ

●「客観力」で感情を切り替える

●ジャッジ癖をやめる

●どこに光を当てるのか

●全部受け入れる

●問題を問題にしない捉え方

STEP 4

許可を出して叶えてあげる

stretch

自分を知るための
ストレッチ

WHAT'S IMPORTANT TO YOU?

STEP 0

無意識の設定に気づき、
本当はどうしたいのかを
キャッチし、
そして、それを実現して
あげましょう。

本当に購入したものは?

ボクのクライアントに、明美さん(仮名)という女性がいます。

彼女には美容クリームの販売をしている友達がいるのですが、あるとき、その友達から美容クリームを勧められたそうです。

明美さんは、あまり乗り気にはなれませんでした。愛用している美容クリームが、すでにあったからです。

でも明美さんは断ることができずに結局、美容クリームを購入してしまいました。

その友達に嫌われたくないから、良い人だと思われたいから、勧められた美容クリームを欲しくもないのに買ってしまったのです。

「1回だけならいいか」

明美さんは、そう自分を説得して買うことにしたのです。

さて、明美さんは何を購入したと思いますか。

そうです、明美さんが購入したのは美容クリームではなく、「良い人」というイメージです。友達に「良い人」と思われるために、お金を払ったのでした。「美容クリームを買ってくれないケチな人」「冷たい人」「ひどい人」などと思われたくなかったのです。

でも、冷静に考えてみてください。その友達には「良い人」ではなく、「いつも買ってくれる都合の良い人」というイメージが伝わってしまったかもしれません。

明美さんも納得して買ったつもりだったけれど、時間が経つにつれて「買わされた」という被害者意識が強くなって、モヤモヤし続けるかもしれません。

良い人だと思われることを買ったはずなのに、そうはならず、挙げ句の果てには「自分は被害者だ」という意識で相手を責める気持ちまで湧いてしまい、友達を加害者に仕立て上げる……。

その意味では、友達のほうが被害者とも言えます。

「良い人と思われたい」という気持ちはごく自然に沸くものなので、同じような経験はあるかもしれません。

思ってもいないことを言ってみたり、好きでもないのに好きなふりをしてみたり、なんだかんだと自分を説得して、欲しくもないものを買ってみたり……。

でも、自分の気持ちに蓋をして、言いたいことも伝えられず、自分をごまかし続ける、飾り続ける。こうしたことを重ねていくと、自分の本心が自分でもわからなくなってしまいます。

本当の問題は?

クライアントからよく出てくるテーマのひとつに「片付け」があります。部屋を片付けられない問題を抱えていると皆さん言います。

でも、部屋が片付かないというのは、実は本当の問題ではありません。表面上の現象に過ぎないことがほとんどです。由美さん(仮名)もそうでした。

由美「部屋が全然片付かないんです」

ボク「全然というのは、具体的にどのくらいですか？」
由美「全然と言いましたが、一部のスペースだけが全然なんです」
ボク「ということは、ほとんどの場所は片付いているんですね？」
由美「そうです。だけど、そこだけ全然片付けられないんです」
ボク「他の場所はできて、そこだけできないのはどうしてですか？」
由美「主人のものがたくさんあって、勝手に捨てるわけにはいかないので……」
ボク「なるほど、それはそうですね。それでどうしたいんですか？」
由美「片付けたいんですけど、主人はこのままが良いというんです」
ボク「それで？」
由美「……以前、そこの片付けについて話したら、不機嫌になって、それ以来、主人と口喧嘩になっちゃうから片付けについて話すことを避けているんです」

もうお気づきかもしれません。
由美さんの本当の問題は「ご主人との価値観の違い」、もしくは「ご主人とのコミュニケーションを避けている」ことにあります。

自分が抱えている本当の問題を直視したくないことから、無意識のうちに他の責任にして、問題をすり替えてしまっていたのです。

この場合、「夫婦間のコミュニケーション」の問題を「片付け」を隠れ蓑にして、放置していると言えます。

問題を直視することは、とてもしんどいことですが、放っておくことで、夫婦間の心の溝はさらに深くなり、どんどん修復が困難になってしまいます。

喧嘩をするのがイヤで話さないようになる。話さないようになると、家に居づらくなるので、外に居場所を見出そうとする。最悪の場合、取り返しがつかなくなることもあるでしょう。

こうしたとき大切なのは、自分の内側で何が起こっているかを知ることです。

自分の無意識の状態を現象として投影しているのが「一部のスペースだけが全然片付かない」という目の前の現実です。

この現象から、自分の内側を探る必要があります。

「今は妥協して、横に置いておこう」というときもあるかもしれませんが、放っておくことで「結局自分はどうしたいのか」ということが、自分でもわからなくなってしまいます。

無意識の中にある「自分とは」

冒頭で「人は誰でも、無意識の中にある『自分とは』という設定通りの生き方をしている」とお伝えしましたが、無意識のことなので、その設定がどうなっているかは、自分ではなかなか気づけません。

明美さんにしても、自分で自分のことを「良い人」などと設定しているために、そんな自分を守ろうと、ほしくもない美容クリームを購入したということには気づいていませんでした。

由美さんにしても、「争わない温和な人」「ものわかりのいい人」などと設定しているために、問題を片付けだと勘違いしていることに気づいていませんでした。

無意識の中にある「自分とは」という設定をしたのは、まぎれもなく自分自身なのですが、この設定がボクたちを苦しめ、そして本当の自分を檻の中に閉じ込めています。

ライフコーチングで自分らしい人生を取り戻すことは、檻の中に閉じ込めてしまった自分の叫び声を聞くことであり、本当の自分を檻から解放してあげる旅でもあります。

「自分が何を考えているのか」
「どんな気持ちなのか」
「何を大切にしたいのか」
「何がしんどいのか」
「どんなことがストレスなのか」
「どんな欲求を持っているのか」
「満たされているのか、満たされていないのか」
「自分の内側でどんなことが起きているのか」

じっくりとこうしたことに向き合うなかで、無意識の設定に気づき、本当はどうしたいのかをキャッチし、そしてそれを実現してあげることが大切です。

偉そうに聞こえるかもしれませんが、ボク自身も、この無意識の設定にずっと苦しんできました。

今でこそ、どんなに自信がなくても「自分らしい人生を歩んでいける」「自己実現できる」ということをお伝えしていますが、生活保護の家庭で育ったために、それがバレると「バカにされる人」という設定がありました。だから「バカにされちゃいけない」「バカにされたくない」という劣等感をずっと抱えていたのです。

子どもの頃、ボクはずっと「普通の家に生まれたかった」と思っていました。普通ということが、ものすごい憧れだったのです。

普通を追い求めて大人になったので、逆に自分は「普通じゃない」「バカにされたくない」と感じるようになったのでした。

この仕事を始めるより前はリクルートという会社に勤めていて、30人ほどの部下がいたのですが、その当時は「バカにされちゃいけない」「勝たなきゃいけない」「認められなきゃいけない」という思いで、常に臨戦態勢、ファイティングポーズを取っていました。

自然と言葉も荒くなり、チームの業績が悪いのは彼らのせいだと捉えていました。

そういう状態でいると、どうなるのか。

部下全員からいっせいに無視されるということが起きました。隣のグループのボクよりも若い25歳くらいのチーフのところに、部下みんなが相談に行くようになったのです。

さすがに「このままではいられない。やばいな」と思ったわけですが、どうにかしたくても何をして良いのかわからない……。

そんなときに出合ったのが、コーチングです。

出合ったと言っても、勧めてくれたのは妻で「日産自動車が部下育成のために、コーチングという手法を取り入れた」という報道をたまたまテレビで見ていて「これ、いいんじゃない？」と言ってくれたのでした。

そこからコーチングを学び始め、ボク自身もコーチをつけ、自分と向き合いながら、少しずつですが、生活保護の家庭で育ったことによる劣等感が薄れ、ファイティングポーズを取る必要がなくなり、ありのままの自分を取り戻すことができたのです。

「自分と向き合いましょう」「自分と向き合うことが大切」などと聞いたことはあるかもしれませんが、向き合うことは言うほど簡単ではありません。

本書では、どのように向き合うのかも丁寧にお伝えしていきますが、ライフコーチングの成果をしっかりと感じていただくためにも、読み進めるにあたっては2つだけ約束してほしいことがあります。

約束1「理想の状態と成長」

クライアントとのライフコーチングのセッションでは、必ず最初にこんな質問を投げかけます。

「理想の状態はどんな状態ですか？」
「どんなあなたに成長したいですか？」

あなたは、どんなふうに答えますか。
すぐに答えは出ないかもしれませんが、少し考える時間を取って、できたら紙に書き出してみてください。

答えは人それぞれ違うものですが、注意してほしいのは「否定文」で表現しないということです。

否定文で表現するというのは、「〇〇でない状態」「〇〇でない私」というような表現です。たとえばこんな感じです。

「お金に困っていない状態」

「人の意見に振りまわされない私」

理想の状態をイメージするのにこうした表現では、どんなふうになりたいのか明確なイメージをなかなか持てません。たとえ話をしてみましょう。

「あなたはどこに行きたいのですか?」

「北ではない方向です」

どうでしょうか。これでは「北はイヤだ」ということはわかりますが、どこに行きたいのかはわかりません。行きたいところがわからないのに、行けるわけがないのです。

さらに脳科学的な見地から説明すると、「脳は否定形を理解できない」と言われています。「北でない方向」という言葉を聞いたとき、ボクたちの脳には「北」が強く印象に残ってしまうのです。

「黄色くないゾウ」と言われても、脳には「黄色いゾウ」が浮かんでしまうということです。

つまり、否定形で表現すればするほど、避けたいイヤな状態を脳に強くインプットするという皮肉な結果につながってしまうのです。


では、どうすれば良いのかというと、理想の状態は、肯定文で表現します。

ボクが多くのクライアントをコーチしてきた経験では、クライアントの言う「〇〇でない状態」は、今の状態・状況に反応しているだけということがほとんどです。

でも「今の状態・状況」と「理想」とは、なんの関連性もありません。関連を持たせる必要もありません。


あなたの内側から湧き出てくる「こんな状態がいい！　こんな私になりたい！　こんな

人生を歩んでいきたい！」

それがあなたの理想です。本当に望んでいるのは、どんな状態でしょうか。

何を望んでいるかを自覚して、初めて、それを実現できるようになりますので、理想の状態を「肯定文」で表現してみてください。

質問「理想の状態はどんな状態ですか?」

質問「どんなあなたに成長したいですか？」

約束2「向き合う時間」

自分らしい幸せな人生を生きていこうとしたとき、自分と向き合うことはとても大切です。でも、それよりも前に意識すべき、さらに大切なことがあります。

向き合うための時間を確保するということです。

時間を確保しなければ、そもそも自分と向き合うことはできないからです。

それも、たまに予定が空いたときや夜寝る前などに向き合うというのではなく、生活の中にそのための時間をしっかりと組み込むことが大事で、友達や得意先に約束を入れるように、自分に対して約束を入れるようにします。

そして、できるだけ自分に対しての約束は、ずっと先まで入れるようにします。手帳やスケジュール帳をお持ちなら、今ここで自分に対しての約束を入れてしまうことです。

まず、自分に対する予定の立て方、スケジュールについての考え方を意識的に変えていきましょう。

理想の状態を描いてもらおうと、ボクがクライアントに真っ白なスケジュール帳を渡して、「自由に好きなことから埋めてください」とお伝えしても、なぜか真っ先に9時から5時まで「会社」と書いてしまうことがあります。

何に縛られているのかはわかりませんが「会社」と書いてしまう……。それがダメというわけではないのですが、自分が本当にやりたいことから、しっかりと選んで埋めるようにしてください。

ボクは1ヶ月4週のうち、1週間は休みにしてあります。毎月1週間、休めるようなキャパシティーでしか仕事をしていないのです。

毎月1週間なので、この1週間の休みをふた月にまたがるように連続で取ると、3週間働いて2週間休んで、また3週間働いて……という具合になります。

いつもそうしているわけではありませんが、こうすることで年に6回、2週間の休みを取ることができるようにもなり、気持ちのうえで余裕が生まれます。

自分に対する時間の使い方、選択をするという自覚を持つことで、自分と向き合う時間をしっかり確保できるようになります。

ライフコーチングは、コーチを雇うことが、その向き合う時間を強制的に持つことだったりもしますが、ボク自身も10年以上ずっとコーチを付けて、コーチという存在を使いながら、自分と向き合い、より質の高い時間を確保するようにしています。

人生において緊急ではないけれど重要なこと、自分が感じていること、ここに意識を向けるために、自分のためにそうした状況をつくる。つくると決める。それが最初の一歩になります。

また、感じることに意識を向ける環境も、少しずつで構いませんので整えていきましょう。瞑想やアロマ、ヨガ、ティータイム、読書、スパ、一人旅、散歩……。意識を向けられるなら、なんでも良いと思います。

青い空を流れる白い雲をボーっと眺めながら、深く呼吸をして、お茶を飲む。自分自身のために、こんなゆったりした時間を取ってあげてください。

それは、世界でたった一人の自分を幸せにすることでもあります。あなたを幸せにできるのは、あなたしかいません。

「褒め言葉」に依存しない

人が誰かを褒めるときというのは、その人や組織の価値観に適合したときです。その人や組織に都合良く適合した場合、褒められます。

しかし、人の価値観はさまざまです。だから、すべての人に褒められることはありえません。

褒めるというのは、価値観に合っているというサインであって、「良い」「悪い」ではないのです。

人は褒められると、次も褒めてもらえるようにと頑張ります。でも、褒められないこともあります。そうすると、「自分の何がいけなかったのか?」と悪いところ探し、ダメポイント探しを始めてしまいます。自分を否定的に見始め、粗探しを始めます。

自分の成長のため、組織のために頑張って、成果を出そうとすることは素晴らしいことですが、その目的が無意識のうちに「褒められること」になり、褒められたいがために頑張る、褒められるということに依存すると、そうでないときに、おだやかでいられなくなります。

褒められるとうれしいですが、褒められなくても悪いわけではありません。自分が、その人や組織の価値観に適合したか否かだけなのです。

Column

STEP 0のまとめ

□自分をごまかし続ける、飾り続けると、自分でも本心がわからなくなる

□自分の無意識の状態を現象として投影しているのが目の前の現実

□無意識の中にある「自分とは」という設定通りの生き方をしている

□理想の状態を肯定文で考える

□自分に向き合うための時間を生活の中に組み込む

focus

感情に
フォーカスする

I want
to hear
from
me

STEP 1

感情を自分自身で
しっかりキャッチできていますか。
怖がらずに自分の感情に
向き合ってみてください。

感情や感覚に意識を向ける

誰でも無意識のうちに「自分とは」という設定をして、その通りの生き方をしています。

この設定が本来の自分とズレていればいるほど、生きづらさや息苦しさ、ストレスを感じるようになります。

無意識の設定は、大きな決断や出来事によってだけつくられるわけでなく、ほんの些細な出来事、いっけん正しいと思える決断（本当は間違っている決断）などによってもつくられるので、よほどに意識しないと、この設定はどんどん強化されることになります。

たとえば、何かしらの理由があって「会社を休みたい」と思ったとします。

それは、頑張りすぎて体が悲鳴をあげているのかもしれませんし、上司や同僚と反りがあわないという体からのメッセージかもしれません。

でも、「休んだら迷惑をかける」「休んだら取り返しのつかないことになる」「自分を甘やかしてはいけない」などと考えて、結局、休むことなく仕事をしたという経験はないでしょうか。

たしかに休むことが難しい状況もあると思います。

でも、休まないという選択を2度、3度と繰り返すと、もう休む選択はなかなかできなくなります。「無理をすることは素晴らしい」「頑張る自分は素晴らしい」といった設定がどんどん強化されるためです。


休みたいと思うことそれそのものに、良いも悪いもありません。

そこに「怠け者だ」「頑張り屋だ」などと色付けすることには意味はなく、大切なのは、自分がそのとき何を感じているか、本当はどう感じているかに気がつくことです。

自分を知るという旅は、この「感じる」ところから始まります。

感じていることに意識を向ける。

何を感じているか。

どう感じているか。

感じるというのは、自分自身の感情や感覚のことです。

「感じる」と「考える」は違うもの

感情や感覚はともすれば「いけないもの」のように扱われがちです。感じないように、感じないように押し込めている方も多いように思います。

だから、ほとんどの方は「何を感じているか」「どう感じているか」をわかっていない、わかろうとしていません。

ボク自身、以前は感じることがどういうことなのか、わかっていませんでした。

もうずいぶん昔の話ですが、会社に勤めていた頃、大きなミスをしてしまったことがあり、その直後のコーチとのセッションで、「実はミスをしてしまって、今きついんです。でも、この経験をいかして次は失敗しないようにしたいです」というような話をしました。

すると、コーチが「林さん、今どんな感じ？　どんな気持ち？」と問いかけてくれたのです。

どんな気持ちと聞かれても、「あれ、今話したのになぁ」と思ったので、もう一度、「失敗したのは仕方ないので、次、失敗しないようにしたいと思います」と答えました。

でも、コーチはまた「だからさぁ、林さん、今どういう気持ち？」と聞くのです。

「いや、だから……」というような会話を何度か繰り返しました。

そのうち、「林さんが今話していることは、感じていることや気持ちじゃないんだよ。

それは、考えていることでしょ」と言われたのです。

ボクはその意味がよくわからず、「何が違うの？」と思いました。


「林さんさぁ、今このミスについての会話で何か感じてない？」

「何か感じてない？　うん？　どういうことだろう？」

「胸のあたりとか、お腹とか、なんかない？」

「そう言われると、なんだかちょっとイヤな感じ……。みぞおちあたりがキュッと重たいような気もします」

「そうそう、そういうの、そういうの。他には？」

「うーん……、なんだか頭が重いような……」

「そういうの、そういうの。他には？」

「他？　うーん、なんだかしんどい……。つらい……。落ち込んでいるかなぁ……」

「そうだよね。そういうの、あるよね」


こんな会話を通して、「感情や気持ちを感じるって、こういうことなのか」と、本当の意味で理解できたのでした。

その後、どうして体の感覚や感情を置き去りにするようになったのかも考えてみました。

すると、ここでもキッカケはやはり会社の中にあって、「コラーッ！」「テメー！」などと部下に怒鳴っていると、まわりからは「また林がやっているよ」という目で見られるようになり、自分でも「またやっちゃっているなあ……」という感覚になっていたことに気づきました。


そんなことを繰り返していたので、「感情に振りまわされてはいけない」「感情的になってはいけない」などと「感情＝悪いもの」と思うようになり、やがて「感じる」ということが、そもそもどういうことかわからなくなってしまったのです。

体の感覚や感情を置き去りにすると、「感じる」ということがどういうことかわからなくなります。

それは、自分が本当はどうしたいのかが、自分でもわからなくなるということです。

でも、かつてのボクのように、わからなくなっていることには気づいていないですし、むしろ、わかっているとさえ思っています。

だからこそ、本当は何を感じているか、どう感じているかに意識的になる必要があるのです。

感じるとは、感情や感覚のことで、考えていることとは違います。感情や感覚は、思考とは別のものです。

「感じる」と「考える」は違うということです。

ボクはこうして違いを認識できるようになってからは、頭でいろいろ考えながらも「今、何を感じているんだろう」と自問するようになり、何かを考えているなかで「問いかけながら感じる」ことを意識的にするようにしています。

自分自身でキャッチできているか

もう少し続けましょう。ある企業にコーチングの研修に伺ったときの話です。

研修では「人間は『正しさ』（正論）だけでは動きません。『感情』で動く生き物です。そして相手の感情を汲み取るには、まずは自分の感情に向き合う必要がある」ということをお伝えしていました。

すると、研修を受けていた社員の方から「仕事に感情を持ち込むと、うまくいかないんじゃないですか」という質問が出ました。

ご本人は無意識なので気づいていませんでしたが、これは質問というカタチを借りた反発的な態度です。質問しているだけで、感情的にはなっていないと思っていたでしょう。でも、ボクには彼の表情や声のトーン、話す速さ、間などから、反発的な態度が伝わってきています。

まさに少し感情的になりかけている（感情に振りまわされないようにおさえている）状

態でした。

ボクがお伝えしたいのは、まさにこういうことです。

この「少し感情的になっている」ということを自分自身でキャッチできるかどうか。


自分の感情をキャッチできれば、「少し感情的になっているな」「自分は何に反応したんだろう？」「講師の押し付けがましい態度が気に入らなかったのかな？」「それとも、仕事に感情を持ち込むべきではないと、自分が強く信じているのかな？」などと感情がざわついた原因を考えたり、次の行動を選択できるようになります。

一息呼吸を置いて、丁寧に質問することもできるでしょう。


でも「仕事に感情を持ち込むべきではない」と感情を邪魔者扱いして、感情に振りまわされないようにその感情を抑え込み、感じないようにすると、逆に抑えている感情がにじみ出て、相手に「反発」として伝わってしまうのです。

感情に振りまわされることが怖くて、感情を無視しよう、なかったことにしようとするのではなく、怖がらずに自分の感情に向き合ってみてください。

怒りは二次的感情

自分の感情に向き合ううえで、知っておきたいことを補足しておきます。怒りは、二次的感情ということです。

先日、仙台に出張に行き、あるホテルに泊まりました。

そのホテルはちょっと高めで1泊2万円くらいしたのですが、夜中になんとゴキブリが出たのでした。

でも夜中の1時をまわっていたこともあり、フロントに連絡するでもなく、そのまま自分でササッと対処しました。

ただ気になってしまったので、チェックアウトの際、フロントの方に「夜遅かったのでお伝えしなかったのですが、実は昨晩、ボクの部屋にゴキブリが出ました」とお伝えしました。

フロントの方はもちろん謝ってくれたのですが、その謝り方が、ボクの納得のいく謝り方ではなかったのです。そこで、カチンときてしまったわけです。

とはいえ、朝の忙しいときに時間を割きたいわけでもなかったので、「次から気をつけてください。年内にあと何度か泊まる予定なのでお願いします」とだけ伝えてチェックアウトしました。

ですが、やはり、そのときの態度にイライラが残ってしまったのです。

このとき、ボクのなかに何が起こっていたのでしょうか。

イライラというのは、何かが満たされなくて、それを埋め合わせるために起きている感情です。

ボクの場合は「ゴキブリがいました」と伝えて、ちょっと謝ってもらった。ちょっと謝ってもらったので、怒りは少し落ち着いたのですが、このとき、一番気にしていたことに相手が触れてくれなかったのです。だから、イライラが収まり切らなかった。

それは何かというと、文字にするのは気が引けますが、大切に扱ってほしかったのです。

1人で1泊2万円の部屋というのは、ボクにとっては頑張っている価格なので、「大切に扱われたい」「気配りをしてほしい」という欲求が自然に起こっていたわけです。それに対して、じゅうぶんに触れてもらえなかったので、ボクはものすごく悲しかったのです。悲しかったから、怒ることになったわけです。

怒りは二次的感情というのは、この例で言えば、「悲しかった」のが一次的感情で、悲しさが満たされないことで生まれているためです。大切に扱われずに悲しくなり、その悲しさが怒りに昇華したわけです。

自分が最近イライラしことを、ちょっと思い出してみてください。
結婚している女性であれば、ダンナさんに対して、イライラしているかもしれません。ダンナさんにイラっとしたり、プンプンしたりしたことを思い出してみてください。それは、どんな一次的感情があったのでしょうか。ダンナさんが何に触れてくれなかったのでしょうか。
怒りという二次的感情の下にある「悲しい」「寂しい」などの一次的感情。自分自身がまずはこれに気づいて、触れてあげない限り、怒りは収まりません。

ボクの例で言うなら「お詫びにもなりませんが、今日は暑くなりそうなので、これをお持ちください」などと言って、ペットボトルの水を渡されたら、そういう気遣いを少しでも感じられたら、この気持ちは満たされたかもしれません。

怒ることは誰にでもありますが、そのときに一呼吸おいて、「自分はこういうことが悲しかったんだ」と気がつき、自分で一次的感情を慰めてあげられるようになると、いつまでも怒りを引きずることはなくなります。

自分ではなく、相手が怒っている場合には、一次的感情に触れてあげましょう。
ただ「ごめん」と言うだけではなく、「ごめんね、寂しかったんだね」「悲しかったんだね」などと一次的感情に触れることで、相手の怒りは落ち着いていきます。

感情は自分自身で選択している

もう1つ、感情に向き合ううえで知っておきたいことをお伝えします。感情は、自分自身で選択しているということです。

たとえば、ボクが道を歩いているときに、後ろから誰かがぶつかってきたとしたら、最初は驚いてビックリすると思います。

でも、先ほどお伝えしたように大切に扱われたい欲求がありますから、乱暴に扱われたと反射的に感じて、すぐに「なんだよ！」と怒りの感情を持ってパッと振り返るはずです。

ところが振り返ってみると、そこにはプロレスラーのような、大きくて怖そうな人が立っていたとします。

すると、相手がぶつかってきたにもかかわらず、「あっ、すみません」と怒るどころか謝ってしまうかもしれません。

このとき、ボクのなかで何が起こっているのでしょうか。

最初はドンとされて、自分が大切に扱われない悲しさがフッと湧いています。そして、それを埋めるために怒っています。

「なんだよ！」と怒ろうとするのですが、振り返ってみると、怒ってはマズそうな相手だと認識したわけです。

ここで起こっているのは、「怒るか謝るか」の瞬間的な選択です。ボクは謝ることを秒速で選択しました。

怒ったり、落ち込んだり、自分を責めたりということは誰にでもあることなので、「感情って厄介だなぁ」などと思うこともあるかもしれません。

でも、こうした心の仕組みやつながり、関係性を知ることで、「この感情は自分で選んでいるんだ」と実感できるようになり、少しずつマネージメントできるようになります。

安易に感情を悪者にせず、向き合いましょう。感情はコントロールできないものではなく、自分で選べるものです。

感情は振り子

自分を知るための最初の試みとして「感じる」ということをお伝えしていますが、そもそも、なぜ感じることが大事なのでしょうか。

それは、幸せは頭の中で理解するものではないからです。


幸せは「あぁ、幸せだなぁ」「いいなぁ、この状態」などとじんわりと感じるものであって、心や体の中から生まれてくるものです。

幸せの条件や理屈を「大きな仕事をしていると幸せ、小さな仕事は不幸せ」「お金がたくさんあると幸せ、なければ不幸せ」「友達が１００人いると幸せ、99人では不幸せ」などと定義することはできません。

にもかかわらず、感じることを押し殺し、ないがしろにしていると、自分が幸せなのか、幸せでないのかもわからなくなってしまいます。

感じることを磨くことが大切で、逆に言うと、磨けば磨くほど幸せを感じられるようにもなります。

ただし、感情というのは振り子のようなものです。

便宜的に良い感情や悪い感情、プラスの感情やマイナスの感情、ポジティブな感情やネガティブな感情などと言いますが、明確にわけることなどできません。

たとえば「うれしい」「楽しい」という感情と、「つらい」「苦しい」という感情があったとき、この「つらい」「苦しい」という感情だけをなくすことはできないのです。

「つらい」「苦しい」ということをちゃんと感じられないと、「うれしい」「楽しい」をキャッチする感度が上がってこないためです。

ラジオの周波数を合わせるように、聞きたいチャンネルにだけ合わせることができれば良いのですが、感情や感覚はそうはいきません。

どちらもしっかりと味わう必要があります。

ところで、ＳＮＳで知人の投稿にイライラした経験はありませんか。ボクはあります。

ここ数年はなくなりましたが、知人が「どこそこでセミナーをしました」などと、きれいな女性たちと一緒に写真に写っているのを見ると、なぜかムカムカしていたのです。

それで、「うわっ、俺、ムカムカしている！」と気づいて、自分の感情を受け止めてみると、「うらやましんだな」「嫉妬しているんだな」とわかったわけです。

すると次は、彼の成功と自分の成功は関係ないという思考が働き始めるのですが、今度は「関係ない」「関係ない」と、うらやましさや嫉妬を押し殺そうとしている自分がいました。

押し殺してはダメなので、「感じよう」「感じよう」とするのですが、我ながら、まあ気持ち悪い！

それでも嫉妬を感じるたびに、このネガティブな感情を味わい、「これも自分の一部だ」「俺はこういうことに嫉妬をする人間だ」などと思いながら、「これも俺の感情なのだから、かわいがってあげよう。かわいい、かわいい……」などとやっていると、不思議なことに、だんだん嫉妬することに飽きてくるのです。

嫉妬はあるのですが、そうした感情が湧いても「また出てきた。ここにいていいよ」という、そんな感覚になってきます。

イヤな感覚に、ある意味どんどん慣れてくるわけです。

ここまで来ると感度も上がっているので、もう一方のうれしい喜び、幸せの感覚も同じようにどんどん増していきます。

感情は振り子のようなもので、感情そのものに良し悪しはありません。どちらもしっかりと味わって感情を磨いていきましょう。

感情や感覚を磨くトレーニング

感情や感覚が大事ということに気づいてからは、さらにトレーニングをするようにしました。そのトレーニングをここで紹介したいと思います。

▼STEP1

椅子に座った状態で、まず手を楽にしてください。下にぶらんとしていただいても良いですし、ひざの上に置いていただいても結構です。

次に、足の裏。足の裏をちゃんと地面に付けましょう。もし、椅子が高くて、足が付かない場合は、浅く座るなどして、かかとをちゃんと付けるようにしてください。

では、足の裏に意識を向けましょう。今、足の裏はどんな状態でしょうか。体重を感じていますか。

靴を履いているようなら、窮屈さや湿気、靴下の素材感は、いかかでしょうか。足の裏で、何を感じますか。

▼STEP2

少し意識を上にあげて、ふくらはぎはどんな状態でしょうか。

今度は、スネの部分です。スネのあたりは、何を感じますか。ちょっと固くなっていますか、凝っていると感じたりしますか。

血の巡りが良くない、重たいという感覚もあるかもしれません。

▼STEP3

さらに意識を上に上げて、お尻や太ももの裏は何か感じますか。

自分の体重をしっかりと感じていますか。

太もも、お尻、尾てい骨のあたり、どんな感じでしょうか。

意識を前に持っていき、お腹や胴まわりの筋肉は何を感じますか。

▼STEP4

さらに意識をあげて、今度、背中です。

背中から前に移って胸。胸から肩、腕はどうでしょうか。

張っている感覚、重たい感覚、脇の下などはちょっと汗ばんだ感覚があるかもしれません。手の指先はどうでしょうか。冷たくなっていませんか。血は通っていますか。

次に、肩から首。そして頭。「力が入っているな」「ちょっと緊張してるな」「凝っているな」「すっきりしているな」など、何か感じますか。

では、指の先を動かして、足もバタバタバタバタとして、感覚を取り戻していきましょう。

ヨガの経験がある方は、こうしたことを試したことはあるかもしれませんが、体の感覚を取り戻していくために、朝起きるときや寝る前などに、このトレーニングを取り入れてみることをお勧めします。

自分の感情や感覚がどうなっているかを知るトレーニングになります。

褒め言葉は相手を尊重して受け取る

ボクたちは「褒められたときには謙遜すべき」と思い込んでいる節があり、誰かから褒められたことをなかなか素直に受け取れません。もしくは、自分よりすごい人と比べて「まだまだ、オレなんて」と自分を卑下してしまうかもしれません。以前のボクもそうでした。

Aさん「イケメンですね」
林　「いえいえ、そんなことないですよ」
Bさん「素晴らしい会社にお勤めでしたね」
林　「会社はすごいかもしれませんが、私は……」
Cさん「林さん、大活躍ですね」
林　「いえいえ、まだまだ全然です」

こんなふうに答えていたのですが、あるとき、ボクを諭してくださった先輩がいました。
「相手はそう思ってくれたんだよ。林さんはそう思った相手のことを否定するの?」

Column

無意識ではあるものの、たしかに形式的には褒めてくださっている相手を「否定」することになっていました。つまり、自分は相手より正しいという「傲慢な態度」だと感じたのです。

これがきっかけで、褒め言葉を受け取れるような自分になりたいと思って、意識変革を始めました。最初は「受け取る」というよりも「相手を否定しないようにしよう」という意識のほうが強かったのですが、徐々に素直に受け取れるようになり、返事もこんなふうに変わってきました。

Aさん「イケメンですね」
林　「ありがとうございます！　うれしいです」
Bさん「素晴らしい会社にお勤めでしたね」
林　「ありがとうございます。ボクも好きでした」
Cさん「林さん、大活躍ですね」
林　「ありがとうございます！　まだまだ活躍したいので見ていてください！」

STEP 1のまとめ

□感じていることに意識を向ける

□感情や感覚は、思考とは別のもの

□自分で一次的感情を慰めてあげる

□感情は自分で選べるもの

□感情は振り子。「つらい」「苦しい」
などを合わせてキャッチする

Dialogue

自分と対話して確認する

YOUR FEEDBACK MATTERS!

STEP2

自分のニーズやビリーフ、
セルフイメージが
わかってきたら、
どんどん自分と
対話していきましょう。

違和感を放置しない

ボクらは、自分で思っている以上に自分のことを知りません。

自分のことを知らないから、いろいろなことが漠然として不安に襲われます。どこに向いて歩いて行けば良いのか、あるいは自分がどこにいるのかさえわからず、迷子になっているような状態です。

漠然としたカタチのない不安に心を支配され、前に進めなくなってしまう。

こうした状態というのは、自分のことよりも、まわりに意識が向いていることがほとんどです。

嫌われないように、否定されないように、自分を守るために、周囲へ意識が向いています。

この状態が続くと、起きないかもしれないことにさらに意識を奪われてしまい、誰も気にしていないのに「バカにされたらどうしよう」など不安や心配を膨らませ、自分をなくしていきます。

力を抜いて、ありのままの自分で生きていくには、やはり自分の中で何が起きているのか気づくことです。


何を感じているのか。

どう感じているのか。


ここに意識を向けていくと「何か違うな」「納得いかないな」という違和感を覚えることがあるはずです。

この違和感こそ、「あなたの人生はそうではありませんよ」「このまま進んでも楽しくならないですよ」「あなたの人生は、あなたの望んでいる状態になっていきませんよ」という潜在意識からのメッセージです。

潜在意識というのは、心の奥に潜んでいる本能的な意識のことです。

心の奥に潜んでいるので自覚はできませんが、自分の行動や考え方にとても大きな影響を与えています。

本来、潜在意識は自分自身の味方なので、違和感を放置すればするほど、本来の自分からは遠ざかってしまいます。

「何が違うんだろう」「どこに違和感があるんだろう」……。

そんな重たい気持ちになったり、苦しい気持ちになったりするときは、自分が何に反応しているのかを自問するようにします。

感情が動いたときは、自分を知るチャンスでもあります。

ボクは会社を辞めた後、コーチングを仕事としていたのですが、最初の1年間はビジネスコーチングをやっていました。

会社員時代は法人を相手にずっと営業活動をやっていたので、独立後も法人営業をして、その会社からお金をいただき、社員さんをコーチして業績アップのお手伝いをしていたのです。

ところが、1年も経たないうちに、どうしてか「楽しくない」と思い始めてしまったのです。「コーチングは楽しい」と思って独立したはずなのに、全然楽しくない。楽しくないと気づいてしまったので、仕方ありません。そこから「なんで楽しくないんだろう」「何が違うんだろう」と違和感と向き合いました。

向き合ううち、楽しい瞬間もあることがわかったので、次は「このコーチングは楽しくない」「なぜかわからないけど、こっちは楽しい」というように仕分けをしていきました。

仕分けをしてみると、はっきりわかったのです。

楽しかったのは、個人の方がクライアントになっているケースだったのです。

個人の方と契約をして、その人がどう生きていくか、やりたいことは何かをテーマに、コーチングしているときは、とても楽しかったのです。

違和感を放置しなかったからこそ、ライフコーチングという天職に気づけたのです。

自分の中をどんどん掘り下げていくことで「自分はこうしたい」「こう扱われたい」「こんなふうに声をかけてもらいたい」ということに気づくことができます。

「自分は何が悲しくて怒っているのだろう」
「何が残念なのだろう」
「本当はどうされたいのだろう」
「どう扱われたいのだろう」
「なぜ不安を感じるのだろう」

こうした自分への問いかけは、最初はなかなか難しいかもしれませんので、慣れるまでは、まずは違和感を見逃さないようにしてください。

ニーズやビリーフを知る

重たい気持ちになったり、苦しい気持ちになったりと違和感が生まれるのは、少し専門的な話になりますが、自分の中にニーズやビリーフがあるためです。

ニーズというのは、こうしたい、ああしたい、こうされたいという「欲求」のことで、ビリーフというのは、こうでなければいけない、普通はこうだなどという「信念」や「思い込み」「前提」のことです。無意識の設定というのも、このビリーフに含まれます。

たとえば、前章でお伝えしたホテルの話にしてもそうです。「ゴキブリがいました」と伝えて、フロントの方に謝ってもらったにもかかわらず、イライラが残ってしまったのは、「丁寧に扱われたい」「余裕のある感じで時間を過ごしたい」というニーズが、ボクにあるためです。

こうしたニーズがあるので、値段が少し高くても優雅な空間で過ごしたいと思っているわけです。

また、「高いホテルは丁寧に扱ってくれるはず」というビリーフもあるのでしょう。

ニーズやビリーフは、一時的な影響にとどまりません。

たとえば「子どもは大人に口ごたえするものではない」というビリーフを持っていると、大人になっても、親にはなかなか意見できなかったりします。

「会社を辞めるべきでないと両親が言うので、転職のことを打ち明けられない」「子どもができたら仕事は辞めたほうが良いと両親は言うけど、仕事を続けたい」など、はっきりとした考えがあったとしても、「口ごたえするものではない」というビリーフによって、意見しない選択を大人になってからも取り続けることになります。

そして、やがて自分にも子どもができて、その子が何か口ごたえをしたとします。自分は「口ごたえするものではない」というビリーフを持っているので、子どもとはいえ、ビリーフの外に出る行動や発言は受け入れられないわけです。

そして、「人から大切にされたい」「受け入れられたい」というニーズも持っていて、それが満たされないことの苛立ちも加わります。

だから、「自分は親に対して我慢しているのに、どうしてお前は我慢できないんだ！」というプログラムが働き、怒ってしまうのです。

このとき、自分が「何に反応したのだろう」「何が悲しくて、こんなに感情的になったのだろう」と問いかけることで、自分の状態、自分の中で起こっている何かに気づくことができます。

「私は、大人に口ごたえするものではないと思っている。それが正しいとも思っているな。それが正しいと思っているから、あの子が口ごたえすることが気になったり、イライラしたりするんだな……」

この「子どもは大人に口ごたえするものではない」というビリーフによって、イライラが続き、あわせて、子どもに受け入れられたいニーズも満たされず、ダブルで悶々としているのです。

ニーズやビリーフは誰にでもあるもので、自分の感情にとても大きな影響を与えています。感情を通して、自分を知っていきましょう。

ネガティブな感情にヒントがある

何かに対してイライラしたり、嫉妬したりするなど、ネガティブな感情が大きく動くときというのは、自分を知るチャンスでもあります。

そこに、自分が持っている「ニーズ」（欲求）や「ビリーフ」（当然・当たり前）が潜んでいるからです。

たとえばボクの場合、混み合っているエレベーターの中で、普通の声の大きさで話をしている人がいると、ちょっとイラッとしてしまいます。

似たようなことで、混んでいる電車やバスの中というのもあり、同じようにイライラしてしまいます。

ボクと同じように「そんなの当たり前でしょ」と思う方もいれば、「え、そうなの？ダメなの？」という方もいると思います。

もちろん、まったく違う感じ方をする人もいるかもしれません。

これは「混み合っている閉じられた公共の場で、話をすることは迷惑である」ということを、ボクが「当然・当たり前」と思っているからです。

それから逸脱する人が許せないのでイライラする、というプログラムが設定されているのです。

なぜイライラするのかを考えていくと、「混み合っているエレベーターの中で話をするような人たちは、無神経でマナーを守れない人たちだ。もっと周囲を気遣うべきだ。けしからん！」という考えが、自分の中にあることに気づけます。

この他では、たとえば女性に多いのが「水着姿をウリにしているグラビアアイドルにイラッとする」というケースです。

「女を武器にしているのが気に障る」という方がいるようです。

この場合も「仕事では女を武器にするべきではない」「仕事では苦労すべきだ」といったビリーフがあり、そこから逸脱しているので、反応が出ているのかもしれません。

また、この場合、次のような可能性も考えられます。

それは「本当は自分も女をウリにしたい」「女として注目されたい」というニーズを持っている可能性です。

「そんなはずはない！」と瞬間的に思った方ほど、丁寧に自分自身の本心と向き合ってほしいと思います。

瞬間的に反応したということは、特に強く反発する何かが、あなたの中にあるということです。

もしかしたら、心の底では「女」を出したいけれど「私は容姿が良いわけじゃないから」「女を出すなんて恥ずかしい」などと考えて我慢しているのかもしれません。

そうしたいのに我慢をしている自分がいる。にもかかわらず、目の前で平気な顔をして、それをやっている人がいる。

だから、イライラするという反応が起こるわけです。

当然そうするべきでないというビリーフと、そうしたいというニーズが半々という方もいれば、ニーズが８割と感じる方もいるかもしれません。

どういう状態が良い、悪いということではありません。評価はいりません。どんな場合でも、何がそのような感じ方をさせるのかを確認することが大切です。

それによって、自分の中にあるニーズやビリーフに気づけるようになります。

言葉の奥に隠れているビリーフ

続いては、言葉です。

普段どんな言葉を使っているかは、感情と同じように自分を知る手がかりになります。

言葉も自分で選択しているからです。

たとえば、どう見ても体重が１００キロくらいある人に対して、デブと言えますか。

「言えるよ」という人もいると思いますが、「言えない」という人もいると思います。

ただ、ほとんどの方は声を出して話せるので、基本的には、言うことはできるはずです。

できないとはどういうことかというと、ボクたちは空を飛べません。何か道具を使えば飛べるかもしれませんが、そのままの状態では飛べません。

できるかできないかで言えば、声を出して話せるので「デブ」と言える。

つまり、「言えない」というのは、「相手を傷つけるから」「失礼だから」「嫌われたくないから」など、別の理由で「言わない」と選択しているのです。

言えないのではなく、言わないのです。言わないという選択をしているのです。

どういう言葉を使っているか、何を選択しているかによって、自分がどんなビリーフを持っているかがわかったりします。

ライフコーチングのクライアントとのセッションのなかで、こんな会話をしたことがあります。

その方は、今の仕事を辞めたいと思っているようだったので「それなら辞めたらいいじゃないですか」と伝えたのです。

そうしたら「いや、そんな簡単に会社は辞められませんよ」「そんなに急には辞められないので」と言うわけです。


ボクはこう言いました。

「いえ、辞められますよ。本当に辞めたいのなら上司に『辞めます』と言えば、辞められますよ。法律的には2週間前で大丈夫。とっても簡単です」

それでもまだ「いやいやいや……」と否定していましたが、そのクライアントには「会社は簡単に辞められないもの」「急に辞めてはいけないもの」というビリーフ、前提があるということです。


どんな言葉を使っているかで自分を知ることができるということですが、もう少し続けましょう。

今度は小さなお子さんのいる女性の話です。その女性の一番やりたいことは、海外ボランティアに参加することだと言います。

ボク「素敵ですね。海外ボランティアに行ったら良いじゃないですか」
女性「でも、子どもが小さいので行けないんです……」
ボク「いや、行けますよ。お子さんをほったらかしにすれば良いだけですから。ほったらかしにするのが嫌ならば、施設に入れましょう。そしたら海外ボランティアに行けます」
女性「なんてひどいことを言うんですか！」
ボク「いえいえ……。ということは、お子さんをほったらかしにしたり、施設に入れたりはしたくないということですね」
女性「もちろんです」
ボク「つまり、今一番したいことは海外ボランティアではなく、お子さんを大切にするということですよね。それは、今もうしっかりとやれているのですから、あなたは、自分のやりたいことを１００％実現できているわけです」

ここでは、ボクとクライアントのやり取りをご紹介しましたが、自分の言葉に注目をして、自分と対話してみると、どんなビリーフを持っているのか、どんな思い込みがあるのかがわかってきます。

言葉の奥にビリーフが隠れているのです。

セルフイメージが行動や選択に影響する

ニーズやビリーフと同じように、感情に影響を与えているのがセルフイメージです。このセルフイメージは、無意識のうちに自分の行動や選択にも影響を与えています。

たとえば、会社勤めをしていると、お昼のランチもまわりに合わせてしまうことがあるかもしれません。

「一緒にランチしよう」などと言われて、相手の方がたまたま選んだお店に「ちょっと高いな」と感じたとします。「なんでこんな高いお店を選ぶのだろう」と不満が出たりもします。

「ちょっと高いな」と感じることは悪いことではありませんが、こんな些細なことにもビリーフやセルフイメージが影響しています。

では、ここで質問です。

ランチといえば、普通いくらくらいだと思いますか。ちょっと考えてみてください。

さて、今いくらと思いましたか。

500円と思ったかもしれませんし、3000円と思ったかもしれません。値段はいくらでも良いのですが、この「普通、ランチと言えば○○円」というのが、あなたのビリーフです。

そして、この「○○円がふさわしい」というのが、あなたのセルフイメージです。「500円がふさわしい私」「3000円がふさわしい私」。

こうしたセルフイメージは、自分がそう思っていることに気づけているかどうかは別にして、行動や選択に影響を与えています。

そして、もし行動や選択に与えるセルフイメージの影響が、自分を苦しめたり、傷つけたりしているのであれば、そのセルフイメージは変えたほうが楽になれます。

先日、ＳＮＳを見ていたら「私はその辺のおばちゃんになりたくない！」という趣旨の投稿をしている女性がいました。

この投稿からボクに伝わってきたことは、「仕事でキラキラ活躍して、注目される私」というセルフイメージと、「子育てだけをしている主婦はダサい」というビリーフでした。

こうした投稿を見ていると、ボクなどはつい「そう思っているとしんどいぞ！　俺みたいに、その辺のオッサンということを認めたほうが楽になれるぞ！」などと思ってしまいます。

それだけ、ビリーフやセルフイメージで苦しんでいる方を見ているからです。

どのようにセルフイメージを変えていくかについては次章以降で詳しくお伝えしますが、まずは自分がどんなセルフイメージを持っているかを確認しましょう。

セルフイメージを知る方法

少し恥ずかしくなるのですが、セルフイメージを知るために有効な方法があるので紹介しておきましょう。

あるセミナーに登壇したときのことです。

ボクは衣装として、ピシッとしたシャツでなく、洗いざらしのものを選んでいたのですが、参加してくれていた仲間のコーチが、休憩時間に「どんなセルフイメージで、洗いざらしのシャツを選んだの？」と質問してきたのです。

洗いざらしが、ボクに似合ってないと思ったのかもしれません……。

ボクは「ええっと、洗いざらしというのは、たとえるならナチュラルな感じのイメージで、『さわやかな林』というのを演出したいと思ってみたりだとか、アハハ……。そうだな、この素材感でいうと、ちょっと麻が入って涼しげなボクであるわけで……」みたいなことを話したわけです。

こう書いていても恥ずかしくなりますが、この「恥ずかしくなってくる」というのが、実はニーズです。

「ナチュラルな感じ」「涼しげ」などが「自分はこう見られたい」というセルフイメージであり、洗いざらしというのは、このセルフイメージの範囲内にいるためのイメージづくりで、「そう見られたい」というニーズがあるわけです。

この、「人には話すことではないような自分」のニーズを話していくと、恥ずかしくなって汗が出てきます。


あるときのセミナーでの女性の話です。

彼女はセクシーとか色気があるというより、どちらかというとカワイイ系で、天然キャラというセルフイメージを持っていたのですが、まわりから「なんだか今日はセクシーですね」などと言われて、「え、そう?」などと受け取りづらかったりしていました。

他の人からも「今日はセクシーですね」と同じように言われるので、とうとう彼女は「私らしくないのかも」と思い始めて、その場に居づらくなってしまったのです。

こうした心地良くない反応、「自分は何と言われたら心地良くないのか」をちょっと想像してみてください。

どんな言葉をかけられると、居心地が悪いですか。書き出してみましょう。

ここで書いたことは、自分のセルフイメージの外側にあるものです。

逆に、人から言われて安心できること、「そうだな」と抵抗なく受け取れること、そういう言葉は、自分に抱いているセルフイメージの内側にあるものです。

このトレーニングは、自分を知るひとつの材料として、今回だけでなく、できるだけ継続してやってみてほしいと思います。

チャンクダウンで具体化する

こうして少しずつ自分のことがわかってくると、「私はこういう人」と言えるようになってきますが、「こういう」という部分をより具体化させる方法があります。

たとえば、「私は自信がない人だ」という言葉が出てきたときに、この「自信がない」というのは、これはこれでひとつの表現なのですが、表現の固まりがまだ大きいのです。

コーチングでは固まりのことを「チャンク」と言いますが、このチャンクをもっと小さくする、チャンクダウンしていきます。

「自信がない」を掘り下げてみると、見下されて傷つくのが怖いことを「自信がない」と表現していることもあれば、うまくできないことが多いので「自信がない」と表現していることもあります。

掘り下げることで「自信がない」という表現が、「傷つくのが怖い」「うまくできない」と具体的になっていきます。

「私は楽しい人だ」という場合も「楽しい」という部分を掘り下げてみると、「人を笑わせることのできる人」「ときどき冗談を言う人」「いつも笑顔でいる人」など、具体的に表現できるようになります。

具体的に表現することで、自分のことがよりわかってきます。

自分と対話する10の質問

感情や言葉を手がかりに、自分のニーズやビリーフ、セルフイメージがわかってきたら、どんどん自分と対話してほしいと思います。

ただ、自分と対話すると言っても、慣れないうちにはなかなかうまくいきません。

対話をスムーズに進めるコツは「自分は何に反応しているんだろう」「何が悲しくてこんなに感情的になっているんだろう」など、自分への質問を用意しておくことです。質問を手に入れることで、自分に適切な問いかけができるようになっていきます。

ここでは10の質問をさせていただきますが、頭の中で考えるだけでなく、文字にしてみてください。書き出すことによって、自分がどんなニーズやビリーフ、セルフイメージを持っているのかを視覚化できます。

これもまた自分を知るための大切なステップなので、ここに直接書くのに抵抗がある場合は、専用のノートを用意しても良いかもしれません。

自分が自分に質問しているとイメージしながら、答えを書き出していきましょう。

質問1「私は、どんな人ですか」

正解はないので「明るい人です」「まじめな人です」「すぐネガティブになる人です」「自信のない人です」など、なんでも構いません。この質問を何度も繰り返すと効果的です。

質問2「私は、どんな人ですか」

もう1回同じ質問です。「私は、どんな人ですか？」。違う答えを書いてください。

質問3「私は、どんな人ですか」

もう1回だけ同じ質問をします。3回目です。「私は、どんな人ですか」。

質問4「どんなときに、そう感じますか」

1回目、2回目、3回目、どの質問の答えに対してでも結構です。「明るい人」と答えたなら、ではその「明るい人」というのは、どんなときに自分がそういう人であると感じますか。

これを何回も何回もやると、自分に対して「こんな人だと思っているんだ」というのがわかってきて、おもしろいです。そして、それがセルフイメージです。

あなたは、ここに書き出したそういう人間であると自分で思っていて、それに沿った生き方をしています。自分がそういう人だと感じる瞬間、そのエピソードみたいなものを書いてみてください。「どんなときに、そう感じますか」。

質問5「私は今、何を感じていますか」

考えていることでなく、感じていることを書き出します。

この本は「退屈だな」と感じているかもしれません。質問に答えるのは「面倒だな」と感じているかもしれません。ドキドキしているかもしれません。

考えていることでなく感じていることに意識を向けます。「今、何を感じていますか」。

質問6「私は今、何を望んでいますか」

「安心したい」「ぜいたくしたい」「注目されたい」など、ちょっと遠くにあることでも良いですし、「何か食べたい」というようなことでも結構です。

すぐには答えが出てこない場合は、「あぁ、出てこないな」ということを確認してもらえれば、それで大丈夫です。「今、自分が何を望んでいるかのか、自分でわかっていないんだな」という、それだけです。それを確認できることも、とても重要なことです。「今、何を望んでいますか」。

質問7「私は今、自分に嘘をついているとしたら、どんなことですか」

言葉を変えると、自分の気持ちをごまかしていることがあるとすると、どんな気持ちをごまかしていますか。見ないようにしていることは何ですか。

「今、自分に嘘をついているとしら、どんなことですか」。

質問8「私が気になっているのは、どんなことですか」

時間のことや部屋の掃除のこと、お金のことかもしれません。自分が「気になっている」と思うことを書き出してみてください。「気になっているのは、どんなことですか」。

質問9 「本当は何を得るために、どんなものにお金を使ってきましたか」

これまでの人生で、自分の意志で、お金を使ってきたと思います。どんなことにたくさんのお金を使ってきましたか。お金を使ってそれを手に入れることで、本当にほしかったものは何でしょうか。

先日、あるカフェで「この時計は10万円なんだ」と話す男性に出会いました。その男性は、時計を通して何がほしかったのでしょうか。時間をたしかめるだけなら、10万円もかけなくて良かったのかもしれません。もしかしたら女性から「その時計、オシャレ！」と言ってほしいのかもしれません。時計を通して女性からの一言がほしい、時計を通してカッコイイと認めてほしかったのかもしれません。

あなたはこれまで使ってきたお金、その先で何を求めていましたか。自分に問いかけてみてください。お金を使って本当に手に入れたかったもの、本当にほしかったものは何でしょうか。

質問10「ここまでの人生で一貫して苦しんできたこと、闘ってきたことは？」

ボクで言うと「普通がいい」ということだったり、「バカにされたくない」ということだったりします。普通を求めて、ずっと闘ってきたのです。

この答えは、質問９にも関係してくるかもしれませんが、もしあなたがこれまでの人生で一貫して闘ってきたこと、もがいてきたことがあるとするなら、何に苦しみ、何と闘っていると思いますか。

はい、質問は以上です。

これらの質問は、自分がどういう人かを知るための質問です。質問を投げかけることで、自分の中からいろいろな答えが出てきたはずです。

出てきた答えに良し悪しはありません。それが、すべて自分です。「自分はこうなんだ」というのを見てあげて、自分について理解を深めていきます。

なかには、すぐに答えが出ない質問もあったかもしれません。でも、それはそれです。答えが出ないからダメというわけではありません。出てこないことを確認できたら、それでじゅうぶんです。

ボク自身も、何度も何度もこうした質問を自分に投げかけています。

個人的には特に最初の質問、３回繰り返した「私は、どんな人ですか」という質問は、ものすごく深い本質的な問いだと思います。

ぜひ、自分のことを知る材料のひとつとして、これらの質問を活用してください。

自分には、どんな欲求があるのでしょうか。

どんなビリーフ、思い込みがあるのでしょうか。

どんなセルフイメージがあるのでしょうか。

さて、自分と対話をして、自分について何かに気づいたとします。それをどのように扱い、どのように本来の自分を取り戻していくのでしょうか。

次章では、そのあたりをお伝えします。

悩みを消し去る方法

ボクは、悩みの本質は「抵抗」だと思っています。それを受け入れたくないという抵抗です。出来事や評価、イメージなど、すべてを受け入れる姿勢でいれば悩みは発生しません。

たとえば、望まない異動であっても「組織の都合ならば仕方ない」と受け入れる。イヤなら「イヤです」と伝え、「どんなふうに思われても構わない」と受け入れる。その結果、「では、あなたはクビです」という結果になったら、それを受け入れる。

抵抗せず、受け入れることができれば、悩みは一瞬で消えます。でも、そんなことをしたら、「いいように使われるだけじゃないか！」という声も聞こえてきそうです。

もちろん抵抗がダメと言っているわけではありません。

抵抗し、どのようにすれば、それを避けることができるのでしょうか。異動を受け入れたくないし、イヤだと伝えることで目をつけられたくない。もちろんクビにもなりたくない……。

どれも受け入れたくないということで、ボクらは「抵抗」し、悩みます。そして、決して答えが出ることのない「問い」を自分に投げかけるのです。

「どうして、こんなことになってしまったのだろう……？」

Column

こうなると、沼にはまったような状態に陥ってしまいます。

「今の部署に私は不要なんだ」と自分を蔑み責めるようになり、自分を異動させることにした上司にも、ただ仕事上の役割をまっとうしただけなのに、マイナスの感情を持つようになります。

こうした場合、まず出来事を受け取ってみましょう。受け入れるかどうかは、後で決めるとして、まずは出来事を受け取ってみる。

「異動です」と言われたことを「そうか、私は異動になったのか」と受け取ってみる。それを自分が受け入れるかどうかは、その後の話。

そして感情もじっくり味わう。「ショック」「悲しい」「残念」。そんな感情も味わってみる。感情と思考をわけて捉えるのが大事ですね。感情をじっくりと味わった後は思考。

選択肢は「受け入れて、次の職場で自分の役割をまっとうする」、もしくは「受け入れられないので退職する」。あるいは「受け入れるけれど、少しでも自分の希望が通るように条件を提示してみる」という手もあるかもしれません。

何かが起きたとき、いったん受け取ってみる。そして、それを冷静に眺め「さぁ、どうしようか」と受け入れるかどうかをじっくり考え、決断することで、悩まず、自分を傷つけることもなく、上司を悪者にすることもなく、対応できるのです。

STEP 2のまとめ

□「何か違うな」「納得いかないな」という違和感を放置しない

□感情が動いたときは、自分を知るチャンス

□ニーズは「欲求」、ビリーフは「信念」や「思い込み」「前提」

□普段使っている言葉に意識を向けると、自分がわかる

□自分のセルフイメージの外側、内側を知る

accept

受け入れ、認め、
あきらめる

TIME
FOR
SOMETHING
NEW!

STEP3

すでに身につけていることで
役に立てることは
たくさんあります。
できることに意識を
向けましょう。

「受け入れる」「認める」ステップ

前章では、違和感や言葉を頼りに、「何を感じているか」「どう感じているか」に意識を向け、自分と対話しながら、ニーズやビリーフ、セルフイメージを知っていくとお伝えしました。

いくつかの質問に答えを出して「自分のことを全然わかっていない……」「答えが全然出てこない……」ということもあるかもしれません。

でも、それはそれです。

すぐに答えが見つからなくても気にすることはありません。

むしろ大切なのは、答えの内容や答えを出せるかどうかよりも、こうした質問を通して、意識的に自分と向き合っていくことです。

ボクが10年以上コーチをつけ続けているのは、自分と向き合う時間を確保し、自分がどう見えるかについて客観的なフィードバックをもらうためです。

そういう環境を意識的につくり続けているわけです。

最初にお伝えしたように、自分と向き合うための時間を数か月先までスケジュールに入れるなどしないと、なかなか意識的にはなれないものです。

また、コーチをつけるとまではいかなくても、はっきりと言ってくれる信頼できる友達に「今の私、どんなふうに見える？」などと聞いてみるのでも良いと思います。


さて、自分と対話することから、おぼろげでも自分のことがわかってきたら、次は「受け入れる」「認める」というステップです。

受け入れたり、認めたりは、頑張って受け入れたり、無理やり認めたりという努力によるものではなく、突きつけられた事実、気づいた現実によって、観念するというほうが正しいのかもしれません。


これまでもお伝えした通り、ボクは「バカにされちゃいけない」「認められなきゃいけない」と思って一生懸命に闘っていたのですが、その思いとは裏腹に、部下に無視されてしまったり、仕事でミスしてしまったりということが起きました。

そこから「ダメな自分」「思っているほどできない自分」というのを受け入れていき、自分という人生の再スタートを切れたように思います。

ただし、何を受け入れたほうが良いのか、何を認めたほうが楽になれるのかは、自分でもよくわかっていないことのほうが多いのです。

ボクの父はもう10年以上前に亡くなっているのですが、実はずっと父のことが嫌いでした。

生活保護を受けていたのもありますが、一番の理由は浮気をして家を出て行き、二重家庭のような生活になっていたことです。母とは最期まで離婚しませんでした。

「オヤジはお袋を悲しませた」という思いもあって、ボクは「あの男から影響を受けたくない」と思っていたのでした。

ところが、あるときのセッションで、コーチに父との関係について話をすると、こう言われたのです。

「林さんさぁ、林さんはお父さんのことが本当に大好きなんだね」

ムカッとしました。

「オヤジのことなんか好きじゃない！　なんでそんなこと言うんですか！」

「だってさ、お父さんが亡くなってもう10年以上も経っているんでしょ。なのに、お父さんが、お父さんが……と言いながら、ずっと影響を受け続けているじゃん」

ガーンです。

「大嫌いで、絶対に影響を受けないと言いながら、オヤジのことばかり考えている……」

このときに影響を受け続けているという事実に気づいたわけです。気づいてしまったわけです。

こうなると、もう受け入れるしかありません。

そして「ずっとオヤジを嫌いだと思っていたけど、実は好きだったんだなぁ」と認めることができたのです。

認められたことで、ずいぶん楽になりました。

受け入れたほうがいいけれど、自分では気づけていなかったことのひとつの例です。

「客観力」で感情を切り替える

「受け入れよう」「認めよう」と頑張らなくても、気づくことで受け入れられること、認められることもあります。ボクの恥ずかしい話を例に、「受け入れる」「認める」ということをもう少し掘り下げていきましょう。

悩んでばかりの女性を「悲劇のヒロイン」などと言うことがありますが、ボクは「悲劇のヒーロー」でいたかったのです。悲劇のヒーローです。こう書くだけで恥ずかしくなりますが……。

これもまた、コーチからの一言で気づけたことです。

仕事の悩みがあり、「これができない」「あれができない」と落ち込んでいたときがあるのですが、このとき、コーチが「林さんは本当に落ち込むのが大好きだね」と言うのです。

また、カチーンです。

「何を言っているんですか！　落ち込むのが好きなわけがない！」
「だって、林さん、そうやってずっと自分を責めて『落ち込みなさい』『落ち込みなさい』って自分に働きかけているよ」
「いや、それは……」
「悲劇のヒーローになって、自分が不幸でいるのが大好きなんだね！」

そう言われると、たしかに「落ち込んで、可哀そうだと思いたがっている自分」がいるのです。

認めたくないけれど、認めざるを得ない恐ろしい現実です。

でも、そんな自分に気づくと、無理やりでなくても受け入れられるようになります。いったん受け入れると、落ち込んでいることが客観視できるようになるのです。

だから、何かあって落ち込んでいるときには「今は落ち込みたいから落ち込もう……」。ちょっとだけ悲劇のヒーローにならせてくれ……」などと自分にお願いをして、落ち込むと決めて、しっかりと落ち込んでいます。

自己弁護でなく、落ち込むことそのものは悪くありません。

落ち込みたいときはしっかりと落ち込む。泣きたいときはしっかりと泣く。感情や感覚に蓋をせず、しっかりと味わうことはとても大切なことです。

落ち込んだ感情を味わっていると、「もう戻って来られなくなるのでは?」と思うかもしれませんが、じっくり落ち込んであげてください。

「落ち込んでいるなぁ。情けないなぁ。泣きたいなぁ。でも、そんな私が私なんだよなぁ」「これでいいんだなぁ」と自分を認めてあげてください。

ある程度まで落ち込んだら気が済んできますし、「切り替えなきゃ」という気持ちも自然に沸いてきます。

また、落ち込んでいるときこそ、等身大の自分を認めてあげるチャンスとも言えます。

ときどき感情の切り替えのうまい方がいますが、あまりにスピーディーに切り替えられるというのは、自分の感情や感覚をないがしろにしているのかもしれません。それでは気づくことができないのです。

もちろん仕事など、すぐにでも切り替えなければいけない場面はあると思います。そのときには、落ち込んで傷ついている自分を、意識的に客観視するようにします。自分自身を客観視することで、起きている事実と感情を切り離すことができます。これをボクは「客観力」と呼んでいます。

そして縮こまっている自分を、天井から見つめる感覚で「また落ち込んでいるなぁ。落ち込むのが好きだなぁ」などと、友達を励ますように笑い飛ばしてあげます。笑いには、感情を切り替える効果もあるのです。

ジャッジ癖をやめる

自分はこういう人間だとわかってくると、つい「だからダメだ」「もっと頑張らないと」などと思ってしまうかもしれません。

受け取るよりも先に、良い悪いというジャッジをしてしまうのです。

たとえば、コーチングのセッションをしていても「自信がないので、もっと自分に自信を持てるようになりたいです」というクライアントは少なくありません。自信がないことを「悪いこと」「改善すべきこと」と捉えているのです。

また、「ネガティブ思考をなおしたいんです」「ネガティブなので、ポジティブになりたいんです」という方もいます。

この場合もネガティブなことを「悪いこと」、ポジティブなことを「良いこと」と捉えて、「ポジティブ思考でない自分はダメ」と思っているわけです。

ここに何があるのかというと「期待」と「不足」、そして「抵抗」です。

自信があったらうまくいく、ネガティブ思考でなくなったらモテる。そんな「期待」があるのですが、それにもかかわらず、自信がなかったり、ポジティブになれなかったりする「不足」している自分を確認しています。

そして、そんな自分は受け入れられない、受け入れたくないという「抵抗」をしているのです。

そもそも自信があるからといって、うまくいくかどうかはわかりませんし、自信がなくても成功している人はたくさんいます。

ネガティブでもモテモテな人はたくさんいるでしょう。

つまり、「期待」というのは自分自身の思い込み、ビリーフなので、そこに気づいて、「自信なんてなくていい」と思えれば楽になれるのですが、そうできないから苦しいわけです。

そこでまずは、自分はこういう人間だと思ったら、良し悪しのジャッジはしないで、そのまま受け取ることを意識します。

「自信がないと思っているな」「自信がないことで悩んでいるな」「ネガティブ思考になっているな」「またこんなふうに考えているな」「相変わらずだな」。

そういう自分をちゃんと確認します。確認するだけ、受け止めるだけ。良し悪しのジャッジは「また今度」と考え、ニュートラルに捉えるように意識します。

それでも「林が良いとか悪いとかじゃないと言っているのに、また良いとか悪いとかジャッジしてしまった！」というように、ジャッジする自分が出てくるかもしれません。

結局のところ、これは「どこに光を当てるのか」ということですから、そのときは「なぜ、そんなに良し悪しを考えてしまうのだろう」と少し深掘りしてみます。

どこに光を当てるのか

北半球を照らす太陽が、南半球を同時に照らせないように、全方位に光を当てることはできません。

どこかを照らせば、どこかは必ず陰になります。

どこに光を当てるのかというのは、どこに意識を向けるのかと同義語です。

自信がないことを「良くないこと」と思えば、当然ながら、自信がない自分を責め始めます。当然ながら、自信を持とうとして、自信がないことに苦しみます。

ネガティブであることを「良くないこと」と思えば、当然ながら、ネガティブな自分を責め始め、同じように当然ながら、ネガティブであることに苦しみます。

そこに、自分自身が光を当てたいのです。

本当は、今の自分でもまったく問題ないのですが、自分自身で問題をつくり出し、自分を責めているのです。

自信がなくてもネガティブであっても、できることはたくさんあります。気づこうとしていないだけで、実はできることのほうが多かったりもするのです。

すでに身につけていること、できることで、あなたのそばにいる人の役に立てることはたくさんあります。喜んでもらえることもたくさんあります。

そこに光を当てる。

つまり、できることに意識を向けるということです。

今の自分では「良くない」と思うことと、今の自分でできることのどちらに意識を向けるか。

それは自分次第ですが、良し悪しのジャッジをして、今の自分に確信を持てないのは、自分を放棄しているとも言えます。

ないものばかりに意識を向けるのではなく、今の自分を認めてあげてください。

ないものに光を当てるのではなく、今の自分を存分に活かしていくことが、ありのままの本当の自分にたどり着くことにつながります。

全部受け入れる

「受け入れる」「認める」ということで話をしてきましたが、実はボクは「あきらめる」という感覚が一番しっくりきているのです。

自信があったらうまくいく、ネガティブ思考でなくなったらモテるなどの期待を持つことは悪いことではありません。

でも、それによって苦しんでいるということは、その努力の先に、本来の自分はいないのです。

もう何年も苦しんでいるのなら、あるいは、それなりに努力してきているのなら、あきらめましょう。

一番あきらめたくないことが、一番あきらめたほうがいいことです。

他の誰かに憧れを抱くことは自然なことですが、その人になれるわけではありません。

他の誰かになろうとする努力は美しいかもしれませんが、本来の自分とかけ離れた誰かになろうとするのは、自分を虐げているようなもので美しくはありません。


あきらめるなんて、にわかに受け入れがたいかもしれませんが、どんな自分もそのまま認めることが、究極の自己肯定です。

過去の自分も今のどんな自分も、世界でただひとりしかいない自分を、まずは自分自身で受け入れます。

自分で自分のことを大事にしてあげられないのに、他の人に大事にされることを求めてもなかなかうまくいかないのです。

どれだけマイナスに思えることも、すべて自分の個性であり、自分らしさであり、自分の実績であると気づいてほしいと思います。

ボクも40歳手前まで劣等感を抱え、ずっと「負けたくない」「バカにされたくない」と思い続け、本当にしんどかったのです。しんどいけれど、頑張って、頑張って生きてきました。

こうして理想の自分（正確には理想だと思い込んでいた自分）をあきらめた今では「あんなにしんどい生き方をして、よく自分をあきらめようとしないで頑張っていたなぁ」と振り返ることができます。そんな自分を誇らしくも思うわけです。


自分のことを明らかにして、認めて、受け入れて、ひょっとして納得のいかない自分かもしれませんが、「今この自分だからしょうがない」とあきらめる。あきらめて、素のままの自分でスタートしようと覚悟を決める。

過去も含め、どんな自分も認めていくことで、自分が愛しくなり、自分の人生に対して再スタートが切れるようになります。

問題を問題にしない捉え方

受け入れることや認めること、あきらめることというのは、無意識かもしれませんが、自分自身がそのことを「問題」と捉えているから複雑になります。

自信がないことを問題と捉えていない人は、自信があるかないかについて考えもしません。ネガティブ思考を問題と捉えていない人は、ネガティブかどうかについて考えもしません。

お金やキャリア、友達の数なども同じで、問題と捉えていない人は考えもしないのです。

残念なのは「これは問題だから、どうにか解決しないと！」と捉えて、頑張れば頑張るほど、そこに意識が向いてしまうことです。

本来は楽しいこと、うれしいことを求めているはずで、「こういう瞬間が好き」「この感じが心地いい」ということに意識を向けたいはずです。

そういう時間が増えれば増えるほど、幸せを感じられるはずです。

では、どうすれば良いのでしょうか。

できないことがあったり、足りないことがあったとしても、「そうした事実がある」「それと付き合っていく」という捉え方ができるようになると、問題は自分にとって解決すべき問題ではなくなります。

例をひとつ紹介しましょう。ボクのクライアントの沙希さん（仮名）の話です。

沙希さんにはお付き合いしている彼氏がいるのですが、沙希さんがライフコーチングを学んでいることを良くは思っていないようで、九州弁でこんな話をしたそうです。

彼氏「最近、外出すること多いけど、なんしよると？」

沙希さん「コーチングを勉強しに行きよると」

彼氏「コーチング？　あの怪しいやつ？　そういうの本当辞めてくれん？」

沙希さん「イヤだ！　辞めてくれんとか言うなら別れる」

彼氏　「ええっ！」
沙希さん「なんで私がコーチング辞めんといけんと？」
彼氏　「……」

沙希さんは以前なら「辞めろ」と言われたら、彼に嫌われたらいけないと思って説得をしていたのですが、そのときは説得しませんでした。彼のことが、好きでなくなったからではありません。

コーチングを学ぶのをイヤだと思うのは彼の問題であって、自分の問題ではないと捉えたからです。

沙希さんはコーチングを学び始め、問題を解決することに意識を向けるのではなく、自分が自分らしく生きていくことに意識を向けていく、そういう生き方を覚えていたのです。

この段階では、彼は沙希さんがコーチングを学ぶことに反対していて、状況は変わっていないので、問題がなくなったわけではないと思うかもしれません。

でも、沙希さんのようなものごとの捉え方をして、自分らしい人生を取り戻していると、問題が問題でなくなります。

残念ながら、その後、２人は別れることになりました。

でも、沙希さんが自分を大事に生き始めると、そんな彼女を大切に思ってくれる新しい彼がすぐに現れたのです。


こうしたことは何も特別なことではなく、精神的な成長、ものごとの捉え方の変化で起こることです。

大げさに聞こえるかもしれませんが、捉え方で世界が変わると言っても過言ではありません。


さて、そうは言っても「簡単にはあきらめられない」「良し悪しをジャッジしてしまう」ということもあると思いますので、この章の終わりに、簡単なテクニックをお伝えしておきます。

「だからダメだ」「全然できていない」「いつもこうだ……」などと思ってしまうことは悪いことではないのです。

良し悪しのジャッジもしたらしたで構いません。

ただ、「また良いとか悪いとか思っているな」でおしまいにします。

これを続けていても際限がないので「今はそういう自分なんだな」で、おしまい。

おしまいにすることもスキルです。おしまいのスキル。スキルなので、繰り返し練習することで必ず習得できます。試してみてください。

自信がないことはたいした問題ではない

２００人以上の「自信がない」という方をコーチしてわかったことは、自信がないこと自体は、たいした問題ではないということです。

問題なのは、自信が「ある」か「ない」かではなく、自信がないことを言い訳にして、行動しないことです。

自信がないという方は描いているゴールが高く、そのゴールに一気にたどり着こうとする傾向があります。しかも、傷ついたり転んだりすることなく、スムーズに、スマートに、かっこよく前進しようとしています。

イメージしている前提が、とてもパーフェクトなわけです。

「自分は、このように何もかもパーフェクトで前進できるのか。いや、できないだろう。できない自分に出会いたくない。傷つきたくない……」

厳しい言い方に聞こえるかもしれませんが、自信がないと言って、立ち止まっている方の典型的な例です。

Column

自分がこうした状態に陥っていると、気づくことができるかどうか。これによって、次の行動が変わってきます。

自分の中で何が起きているのかに気づければ、前提を変えてあげれば良いのです。

「そもそも、自分には一気にゴールに到達する力はないし、すべてにおいて、スムーズにスマートに進むことはありえない。だから、今の自分にできることに集中して、少しずつでも取り組みながら力をつけ、ゴールに近づいていれば「ヨシ」としよう！　うまくいかなかったら、そのときに考えよう。経験がないことに挑戦するわけだから、傷ついたり転んだりすることもあるだろう。そのときには、少し休めばいいいか」

たとえば、このようなスタンスでいれば、「自信がない」ことを言い訳にせずに、小さな一歩を踏み出すことができます。自信が「ある」「ない」に関わらず、ほんのちょっとの勇気を持って、前進できるようになります。

STEP 3のまとめ

□落ち込んでいるときこそ、等身大の自分を認めるチャンス

□良し悪しのジャッジはしないで、そのまま受け取る

□できることに意識を向けると決める

□一番あきらめたくないことが、一番あきらめたほうがいいこと

□捉え方で世界が変わる

wish

許可を出して
叶えてあげる

ARE
YOU
READY?

STEP4

前に進もうとする力が
生まれるとき、
後ろに戻す力も生まれます。
この両方を受け取ることは、
望みを叶えるのに
避けられないプロセスです。

自分が何を望んでいるのか

自分と向き合って、自分との対話の中から自分を知り、そして受け入れることができると、いよいよ望みを叶えるステップです。

望みを叶えるというのは、他の誰でもない自分自身の望みのことですが、あることがクリアになっていないと、望みはまず叶いません。

それは何かというと「自分が何を望んでいるか」「何を願っているか」ということです。

望みを叶えたいのに、叶えたい望みがわからないなんて、まるで禅問答のようですが、ボクの経験では「自分の知らない自分ランキング」のベスト3に入るぐらい、自分が何を望んでいるのかがわかっていない方は多いと感じます。

それはやはり、こうしたことを考える機会、向き合う機会を持っていないためです。持たないから、わからない、知らない、気づけないのです。

・自分が本当に望んでいることは何か
・自分はどうしたいのか
・どうなりたいのか
・どんな人生を生きていきたいのか
・この人生を何に使いたいのか

こうしたことを考える時間を確保するかしないかで、人生の質は大きく変わります。

「社会を良くしたい」「起業したい」「結婚したい」「ダイエットしたい」「お金持ちになりたい」「引越ししたい」「温泉に行きたい」「焼肉を食べたい」など、叶えたい望みのレベルは何でも構いません。

とにかく「自分が何を望んでいるか」「何を願っているか」を明らかにしていきます。

ここでもその時間を取ってみましょう。限られたスペースなので、可能であればノートなどに書き出してみてください。

質問「今、一番やりたいことはなんですか」

質問「この人生でやりたいことはなんですか」

質問「どんな人生にしたいですか」

質問「今、食べたいものはなんですか」

続いて、望みを手に入れるときに出てくる恐怖や不安、心配やイヤなことがあれば書き出してください。

望みひとつひとつに対して書き出していきます。

たとえば、会社を辞めたいのが望みだとして収入がなくなるのが心配、結婚したいのが望みだとして自由な時間がなくなってしまうのが怖いといったことです。

質問「それを実現するときに出てくる恐怖や不安は何ですか」

セットになっている望みと不安

　唐突ですが、赤いオリガミを思い浮かべてみてください。赤いオリガミは、表面は赤色になっていますが、裏面は白色です。

　もし「赤いオリガミがほしい」と言いながらも「白い面はいらないです、赤い面だけください」という人がいたら、どう思いますか。

　その人は、赤いオリガミを手に入れられるでしょうか。

　おそらく難しいはずです。「白い面は本当はいらないけれど、白も引き受けますよ」ということになって、初めて赤いオリガミを手にできるはずです。


　これと同じようなことが、人生にもあります。

　前項で、叶えたい望みを書き出してもらった後に、それを手に入れるときに出てくる恐怖や不安、心配を書き出してもらいました。

　叶えたい望みと恐怖や不安は、オリガミの赤と白のようにセットになっていて、全部ひっくるめて受け取ると決めないと手に入らないのです。

望みと不安はセットになっていると言っても腑に落ちないかもしれません。でも、これはオカルトでも根性論でもなく、真実です。


会社員時代、ボクは何が一番イヤだったかというと、人に指図されるのがイヤでした。指図されるのがイヤなら、そもそも会社で働くべきではないのですが、「独立したい」と思いながらもなかなか決断できませんでした。

いざ辞めるとなると「お金は大丈夫だろうか」「信用してもらえるだろうか」「うまくいくだろうか」という不安があったためです。

独立したいという望みと、お金や信用への不安。

この両方をセットで受け取ると決められたことで、今があります。

望みだけを手にすることにこだわっていたら、まるで違う人生になっていたように思います。


さらに例をあげてみましょう。ボクのクライアントの仁美さん（仮名）の話です。

仁美さんは、私生児でお父さんのいない家庭に育ち、子どもの頃はひとまわり上のお姉さんとお母さんと3人で暮らしていました。

「3人仲良く」を夢見ていたのですが、お姉さんとお母さんの喧嘩は絶えず、仁美さんが中学2年のとき、とうとう2人は絶縁してしまい、夢は断たれてしまいました。

大変だったのは、そこからお母さんの罵声が仁美さんに向いたことでした。

寂しさや怖さに耐えきれず、死のうと思うことさえあったそうですが、そんなときでもお母さんから出てくるのは「死ねば」という冷たい言葉……。

仁美さんは心を閉ざしていきましたが、それでもお母さんとは付かず離れずの距離を保ち、成人してからも、呼ばれたらすぐに駆けつけられるところで暮らしていたのです。

仁美さんはライフコーチングを受けながら、どんな人生を生きたいのか自分と向き合い続け、「鎌倉に住みたい」という願望があることに気づきました。それまで何度も鎌倉に遊びに行っていたのです。

でも、「絶対に無理……。お母さんは『私の介護どうするのよ』と反対するだろうし、万が一、倒れたら助けなきゃいけないし。お母さんが転んで頭を打って死んだら後悔するだろうし……」と次々から次へと、不安や心配が溢れ出てきます。

「鎌倉に住みたい」という望みと、「絶対に応援してくれないお母さん」という不安や心配。なかなかこの両方を受け取ることができずにいました。

仁美さんはさらに自分と向き合い、お母さんにも子どもの頃に感じていた気持ちを少しずつ伝えられるようになりました。

そこから4年。「鎌倉に住む」と覚悟を決めて、たくさん出てくる不安や心配もすべて引き受けることにしたのです。

ついに仁美さんは人生最大級のバンジージャンプを飛ぶ決意をし、お母さんに「ひとりで鎌倉に引っ越す」と伝えたのでした。

仁美　「大事な話があるんだけど……」

母　「なに？」

仁美「私さ、鎌倉が好きなのね。よく遊びに行っているから知ってるよね？」
母「うん」
仁美「それで、鎌倉に引っ越すことにしたの」
仁美さんはお母さんが激怒すると思いました。ところが、
母「（笑顔で）あら、そう。いいんじゃない」
仁美「（あれ？　怒らないの？）いや、でも、お母さんのご飯やトイレをどうしようかと思って、相談したかったんだけど……」
母「まぁ、なんとかなるでしょ！」

目の前には、「仁美さんの夢を応援してくれるお母さん」がいたのです。
都合の良いものだけを受け取ろうとしているとき、望みは叶いません。

その望みを叶えるにあたって感じる恐怖や不安、それを含めて「私は受け取ります」と決める必要があるのです。


自分が何を実現したいのか。

それをまず自覚することが大事です。

そして、それが手に入るとき、そうでないものも手に入るという事実も受け取らなければなりません。

いいとこ取りしようとしているうちは、望みは叶っていかないということです。

自分に許可を出す

前に進もうとする力が生まれるとき、後ろに戻す力も必ず生まれます。

これは必ず生まれるので、それがないことにはできないですし、見ないようにしているうちは前にも進めません。

前章でお伝えした「どう受け入れるのか」「認めるのか」は、望みを叶えるために切り離せない、避けることのできないプロセスなのです。

余談になりますが「自信がないことを問題と捉えていない人は、自信があるかないかについて考えもしない」「ネガティブ思考を問題と捉えていない人は、ネガティブかどうかについて考えもしない」と前述しました。

こういう考えもしない人というのは、それを叶えようとも思っていないので、後ろに戻す力、つまり不安や心配もありません。

さて、自分が何を実現したいのかを明らかにしていくと、望みがひとつでないということもよくあります。

たとえば、ボクなら「売上をあげたい」という望みと、「自由な時間をしっかりとキープしたい」という望みです。

あるとき、こんなことがありました。

ありがたいことに順調に仕事が増えていき、ボクにコーチを依頼するクライアントが35人になったことがあります。

クライアントが増えることは売上にも直結しますから、とても嬉しかったのですが、浮かれていられたのも束の間、そこから一気に10人のクライアントが減ってしまったんです。

35人のうち10人ですから、売上の3分の1がなくなるわけです。売上以上にショックだったのは、「えっ、この人まで辞めちゃうの」というような予想外のクライアントまで辞めてしまったことでした。

それで「どうして減ってしまったんだろう」「どうして、こういうことが起こるんだろう」と自分に問いかけて、なるほどと合点がいきました。

クライアントが増え、スケジュールが埋まっていくことに対して「なんだかイヤだな。やっぱり自由な時間をそれなりにキープできないとしんどいな」と思っている自分がいたのです。

そのことに気づいたので、まずは「しんどい」と思っている自分を素直に認めました。

そのうえで、それでもやっぱり売上をあげたい、お金を稼ぎたいという望みもあるので、自分に許可を出しました。

「自由な時間をしっかりキープしつつも売上をあげる自分」という許可です。しっかりと自分に許可を出せると、潜在意識が助けてくれます。

このときには、単価の大きな研修の依頼が入り、最終的には売上は減らずに済んだのでした。

許可を出すということを恋愛でたとえてみましょう。

自分は、モテモテになりたいという願望があったとします。でも、モテモテになると、自分の時間が減りそうだし、嫉妬が面倒だという心配もあります。

まずは「ボクはモテモテになりたいので、モテます」ということを決めます。「モテたいと思っている自分がいるなぁ。ボクはもっとモテたいんだな。うん、やっぱりモテよう」と、モテたいことをちゃんと自覚し、自分に「モテていいですよ」と許可を出すわけです。

ただモテるからには、やはり自分が望んでない人に好かれる可能性もあります。これも受け取ります。

すると、自分が好かれたくないと思う人からのお誘いもいっぱい入ってきます。お誘いがあったときにイヤだと思うと、モテない現実がつくり出されていくので、モテたうえで、「好きになってくれてありがとうございます。ただ、あなたは好みではありません。好みではないので、ボクはお付き合いしないという選択をします。ごめんなさい」ということを、ひとりひとりに対して丁寧にやっていきます。

恋愛にたとえると人でなしのように聞こえるかもしれませんが、ボクは仕事でこれをやっていったということです。

自分に「本当はどうしたい」という質問を繰り返し投げかけ、違うと感じたことに対しては、その気持ちに素直に従い（嘘をつかない）、感謝したうえでお断りしました。これを1年間ずっと意識して、繰り返したのです。

その結果、どうなったかというと、年商はそれまでの1・4倍になりました。1年での結果です。次の年も続けたところ、さらに年商は伸びて、2年で2倍になったのでした。

望みを叶えるのにふさわしい自分

期待通りでない自分と出会って、「あぁ、できないんだ……」と落ち込むのは落ち込んで、それでも「これをやりたい」「こうなりたい」と決められるなら、そのできない自分と出会う不安もセットで受け取ります。

片方だけ受け取ろうとしない。両方を受け取ることを決めた瞬間、現実は動き出します。

ここでもう一度、先ほど書き出してもらった自分の望みを確認してみてください。

その望みを叶えて当然の自分とはどんな自分でしょうか。叶えてもいい自分、叶えるのにふさわしい自分は、どんな自分でしょうか。書き出してみてください。

質問「望みを叶えるのにふさわしい自分は、どんな自分ですか」

その自分というのは、今の自分よりも成長していたり、今の自分とは違う自分だったりするはずです。

その自分になるために、今はできていないことを習得しようと、自分の外側をスキルアップすることは大切ですが、それと同じように、自分の内面を磨くことも忘れるわけにはいきません。

どんなものごとの捉え方ができる自分か。
どんな言葉を選べる自分か。

どんなセルフイメージを持つ自分か。

この本でお伝えしていることは、一貫して、こうした内面を磨くトレーニングのようなものです。


同じ経験、同じスキルを持っていたとしても、セルフイメージが高いか低いかで、行動も選択もまるで違ってきます。

たとえば、ボクは新幹線の特別車両であるグランクラスに乗りたいと、ずっと思っていました。飛行機もファーストクラスやビジネスクラスが好きです。

エコノミーでも大丈夫なのですが、体調や気分に合わせ、その時々の好みで選択できる自分が好きなのです。

これまでグランクラスには乗ったことはなかったのですが、仙台に出張した際の帰りのチケットを買おうとしたら、指定席がすべて埋まっていたのです。

このとき、ボクのセルフイメージが低かったら、ここで自由席を買っていたと思いますが、「そのときが来た！」と迷わず、７０００円をプラスして、グランクラスの席を購入したのでした。

自慢話のように聞こえるかもしれませんが、これはお金があるとかないとか、そういう話ではありません。

7000円なので、この本をお読みの方であれば、出そうと思えば出せる金額のはずです。でも、「グランクラスに乗ることがふさわしい自分」というセルフイメージになっていないと、自分に許可を出せません。

7000円を出せるか出せないかは、セルフイメージの問題です。

これを経済力の問題にすり替えてしまうと、冒頭でご紹介した「夫婦間のコミュニケーションの問題」を「片付けの問題」と勘違いしていた由美さんと同じように、問題はどんどん深刻になってしまいます。

無意識のうちに他の責任にして、問題をすり替えてしまっているのです。

「あなたの望みを叶えるのにふさわしいあなたである」というセルフイメージを持つことで、自分自身に望みを叶える許可を出すことができます。

セルフイメージをあげる2つの方法

セルフイメージをあげるために、ここでは基本的な2つの方法をご紹介したいと思います。どちらもボクが考えたものではなく、いわゆる成功者と呼ばれる人たちの多くが昔から実践していると言われる方法です。

あらかじめお伝えしておきますが、潜在意識について理解していないと、あやしいと感じてしまったり、受け入れにくかったりするかもしれません。

でも、実際には一流のスポーツ選手や経営者の方なども取り組んでいる内面トレーニングでもありますので、ぜひ試してみてください。

▼トレーニング1「アファメーション」

セルフイメージをあげる1つ目の方法は、アファメーションです。

アファメーションとは、自分自身に対する肯定的な宣言のことで、「私はできる」「私はもっと良くなる」などといったことを自分に宣言します。一例として、ボクのアファメーションをお伝えします。


「私、林忠之は、モテモテです」

「私、林忠之は、お金が大好きです。楽しく、ザクザク稼いだお金は未来や子どもたちのために気持ちよく使っています」

「私、林忠之は、月商３００万円を稼ぎ、お金の問題から解放されています」

「私、林忠之は、世界中から求められています」


アファメーションについてはじめて知ったときには、ボクも「なんのこっちゃ」と思いましたが、今ではスラスラ言えるほどになっています。

オフィスにいるときなど声に出せる環境のときは、声に出して宣言していますし、寝る前や起きてすぐのときには黙読しています。

寝る前や起きてすぐに黙読するのは、脳が勘違いしやすいタイミングと言われているためです。

アファメーションをしていると「あぁ、俺は300万円稼いでいる」「世界中から求められている」と脳が勘違いをして、そういう自分になっていきます。

「そんなの信じられない」と思うかもしれませんが、アファメーションをやり始めて、うれしいことに売上が一気にあがったり、また、海外から仕事の依頼が入ったというのが、ボクに起きた現実です。


こうした話をすると必ず疑う方もいますが、だまされたと思ってやってみてください。

ボクの経験では「そんな小さなことをして、どうなるの」「そんなことをして何が変わるの」と言う人ほど、大きなことを一気にやろうとします。

でも、こんな小さなこともできなければ、大きなこともできません。

小さなこともやれば変わる、望みは叶うとボクが言っているわけではなく、ボク以外の社会的に成功している方々がそう言っているのです。

それを実践してみたところ、本当に現実が変わったので、こうしてお勧めしています。

実践「アファメーションを書き出してみましょう」

▼トレーニング2「環境体感」

セルフイメージをあげる2つ目は、環境体感です。

環境体感とは、「その環境に身を置くとドキドキする」というところにお試しで入っていき、体感してみるということです。

ボクはコーチングを学び始めた頃、リッツカールトンの45階にあるラウンジでコーヒーを飲むとドキドキしたんです。コーヒー一杯で1500円か2000円という値段で、あまりにも空間がゴージャスだったからです。

つまり、自分のセルフイメージが追いつかず、「ふさわしい」と思えていないのでドキドキするのです。「コーヒー一杯で2000円!?」と驚いた記憶が鮮明にありますが、こうしたドキドキする環境にどんどん入っていくことを繰り返すと、そのうちドキドキしなくなります。事実、ボクも今は何も思いません。

その環境にいる自分はふさわしいというセルフイメージができあがり、その環境が心地良いと感じるようになったからです。

これは毎日でなくても月に1度でも良いと思います。

まずは自分がドキドキする環境がどこかを明らかにして、ドキドキを体感する。そして、ドキドキしない自分になるように、できる範囲で繰り返していきます。

実践「その環境に身を置くとドキドキするというところ書き出してみましょう」

エネルギーマネージメント

ここまで「自分らしい自分」「本当の自分」を知るための考え方や方法をお伝えしてきましたが、目指すところは、そうした自分になろうとしない、そうした自分をつかみに行かないということです。

「ここまで付き合わせておいて詐欺じゃないか」という声も聞こえてきそうですが、「そうありたい自分」にとらわれてしまうと、まるで今の自分がダメなように思えてしまうかもしれませんし、自分をまた攻撃してしまうかもしれません。

どんな自分でいたいかをはっきりとさせたら、それを心がけるのは大切ですが、いったん横に置いておきましょう。

そして、そうなるために、自分が今できることにエネルギーを集中するようにします。それが、自分の感情に意識を向けることだったり、受け入れたり、認めたり、セットで受け入れたりということです。

ライフコーチングでやることを端的に表現すると、クライアントが自分自身でエネルギーマネージメントできるようにサポートすることだと言えます。

無駄なエネルギー漏れをなくし、そのエネルギーをかけたいところにかけられるように成長する。その成長の結果として、クライアントのビジョン実現のスピードが上がっていくのです。

たとえば、富士山に登るとき、ずっと頂上を見続けていると「まだ先だ、全然近づかない」と、なかなか山頂にたどりつけない感覚に襲われます。

では、どうすれば良いのかというと、「頂上に向かっているんだな」と思って、ときどき見上げる程度にとどめます。これが心がけるということです。

自分が今できることにエネルギーを集中するとは、一歩一歩と歩を進めることです。歩を進めることに集中していれば、「まだ先だ」という感覚ではなく、「ここまで登った」という手ごたえを感じられます。

できていないこと、これからのことにエネルギーを注いで、今できることにエネルギーを集中できなければ、結局は山頂までたどり着けません。

エネルギーは有限です。

有限だからこそ、望みを叶えるためには、エネルギーをマネージメントするという考え方が必要です。

誰でも必ずどこかにエネルギーを使っているものです。

なかなか現実が変わらないと焦りや不安を感じるときには、自分がどこにエネルギーを使っているのか、何にエネルギーを取られているのかを確認してみてください。

何度も繰り返しますが、集中すべきは、自分の感情であり、受け入れたり、認めたり、叶えたい望みと不安や恐怖をセットで受け入れるということです。

あなたの代償

ボクがクライアントとのセッションを積み重ねながら、一番「シビレルなぁ！」と感じる瞬間は、クライアントがしがみついていたものを手放すときです。

会社勤めしていた人が退職を決めたとき、自分らしい人生を生きる邪魔をする人間関係を断つと決めたとき、怖くて変えられなかった従来通りのやり方を変えると決断したとき、望む未来を手に入れるために、これまでギュっとしがみついていた何かを手放す決断をした瞬間に立ち会えるのは、ライフコーチとしての醍醐味です。

本来の自分を取り戻すためには、手放すもの、置いていくもの、古い考えを捨てて新しい考えを選択するなど、何かしらの「代償」が必要なのかもしれません。

そして、その代償というのは、一律みんな同じではなく、あなたには、あなたに必要な代償があります。

その結果、自分で選んだ人生を生きているという実感を持てるようになると、もう世間でいう成功や失敗、さまざまな評価が気にならなくなります。

あくまで自分が基準。

自分が納得できているかどうかが基準になるからです。

自分に正直に、自分に嘘をついていなければ、自分が納得できる人生を歩めているという実感を持てますし、「これでいいんだ」「私は大丈夫だ」という自分への信頼も厚くなります。

逆に、自分の正直な気持ちに気づかないふりをしたり、自分に嘘をついてごまかし続けていると、自分への信頼はなくなり、どんどん自信も奪われていきます。

自分の気持ちに正直な選択をし、「自分の人生を生きている」「自分で自分の人生を選択している」という実感を持つことができてはじめて、「私は幸せだなぁ」「充実した人生を生きられているなぁ」と、人生に満足できるようになっていくのです。

最後にもう一度だけお伝えします。
人は誰でも、無意識の中にある「自分とは」という設定通りの生き方をしています。
あなたは「どんな人」という設定になっていますか。
そしてあなたは、どんな人ですか。

人生でもっとも経験値の高い自分

後悔というのは、一度決めた後で、さらに成長した自分の視界から見て「あのとき、あのような選択をしなければ良かった」と悔しい思いをすることです。

とはいえ、それを決断した時点では「人生でもっとも経験値の高い自分」が決断したわけです。その時点では、もうこれ以上ない最高の自分が決めていたわけです。

人生でもっとも経験値の高い最高の自分が決めたことですから、それ以外の選択はなかったのです。

望む結果を得られなかったとすると、物質的、精神的に何かを失っているかもしれません。大なり小なり、ダメージはあるかもしれません。

そのダメージはしっかり味わい、「私はショックを受けているな」「落ち込んでいるな」と自分の感情を受け止めてあげましょう。

その上で「この経験から学べることは何だろう」と自分としっかりと向き合い、自分自身の未来にその経験を活かすことを決めます。

自分史上で最高に経験値の高い自分が選択したことですから、望まない結果になったとしても「力

Column

不足だった。仕方ない」と受け入れ、一歩を踏み出しましょう。

未来への一歩を踏み出した時点で、その出来事は過去のものになります。

STEP 4のまとめ

□「自分が何を望んでいるか」「何を願っているか」をクリアにする

□望みを叶えるときに出てくる恐怖や不安を受け取る

□望みを叶えるのにふさわしい自分を明らかにする

□小さなことができなければ、大きなこともできない

□自分が今できることにエネルギーを集中する

あとがき

「普通の家に生まれなくてよかった」

強がりではありません。
今は、心の底から、そう思っています。
いいえ、そんな弱いトーンではなく、本当にラッキーだと思っているのです。

・生活保護家庭に育ったこと
・親父が女をつくり二重生活をしていたこと
・劣等感にまみれたまま、大人になったこと

すべてに感謝しています。
「普通の家に生まれたかった」とずっとずっと「普通」に憧れ続けていた忠之少年は、も

うここには存在しません。

コーチングに出合い、10年以上、自分と向き合い続けたボクは、不幸だと思っていた自分の過去をすべて受け入れ、今となっては、「なくてはならない自分自身の個性である」とまで感じています。

こうして本を書かせていただけるのも、こんな過去があり、劣等感まみれの自分と向き合い、自分について学び、自分を強く育てる習慣を身につけてきたからです。

ここでいう強さとは、もうおわかりの通り「外側の剛健な強さ」ではなく「内側のしなやかな強さ」です。

しかし、自分と向き合い、自分を知るプロセスでは、時に、怖さを感じることもあります。

そんなとき、どんなに弱く情けない自分の姿を見せても100％味方となって受け入れてくれるコーチの存在や、ボクと同様に自分を強く育てるために集まってきた仲間たちの存在が、自分と向き合い続ける勇気を与えてくれました。

同時に、こんなボクをライフコーチとして選んでくれた、すべてのクライアントの皆さんが、支えてくださいました。

平成30年の今年。大嫌いだった（笑）父の20周忌にあたり、ボクの起業10周年でもあります。

これまでは、日本のライフコーチの草分けとして「ボクが頑張らなきゃ」と一人立つ精神で力一杯やってきました。

でも、もう一人で頑張るのは、やめることにしました。今年を「ライフコーチング元年」と定めて、意識を新たに、活動を広げていきます。

直近の7年は、ライフコーチング専門スクール「ライフコーチワールド」で、後進のライフコーチ仲間の育成にも力を注いできました。

ここで共に学んだ仲間たちも、ボクと同様、自分と向き合い続け、自分自身をしなやかに強く育ててきました。

「ライフコーチングがある未来」は、仲間たちと志を共にし、一緒に創っていくことにします。この「一緒に」とは、「一致団結」ではありません。

一人ひとりのライフコーチが、それぞれの個性を存分に活かした持ち場で、同じ時代に「自分」を生き、そして「自分」を生きたい人をサポートするイメージです。

そして、そのサポートを受けたクライアントの一部の方が、ライフコーチとして生きることを志すようになり、この連鎖が、ボクたちの子どもたちや、孫たちの世代に、「ライフコーチングがある未来」を届けてくれることでしょう。

一人ひとりが、自分の人生に責任を持ち、想い描いた人生を自由に生き抜いてほしい。

ボクは、ライフコーチングを通して、このような社会を創造していきます。

最後に、ボクをライフコーチとして選んでくれたこれまでのすべてのクライアントの皆さん、共に自分を強く育ててきたライフコーチワールドの仲間たち、自己基盤合宿（コーチングプラットフォーム）の仲間たち、この本の構想から3年もの時間を伴走してくださった出版社パブラボの菊池さん、そして、最愛の家族に心から感謝します。ありがとうございます。

2018年6月
林　忠之

著者略歴

ライフコーチ
林 忠之（はやし ただゆき）

1969年生まれ。佐賀県生まれ、大阪府育ち。幼少期から生活保護家庭で劣等感を抱えて育つ。千葉大学教育学部養護学校教員養成課程卒業後、劣等感から抜け出すため俳優になり、国民的アイドルと共演するが、その後挫折。28歳でリクルートグループに就職。求人広告営業で8年連続表彰されるが、部下育成につまずき、コーチングを学ぶ。コーチの「人を応援する生き方」に使命を感じ、2008年独立。現在、日本のライフコーチの草分けとして、自信がない人の「わたしの幸せ」実現をサポート。独立から10年で270人以上をサポートし、結婚、出産、就職、起業、海外移住、個展開催、出版、TVやラジオ出演など、次々にクライアントのビジョンが実現。2018年4月末現在、6,700セッション・5,000時間を超える個人コーチングの他、ライフコーチ養成、企業研修、講演などでライフコーチングの普及にも注力している。2016年8月には、国内30名・全世界でも683名(2015年末)しかいない世界最高峰のコーチに与えられる「国際コーチ連盟マスター認定コーチ」資格を取得。ライフワークとして、フィリピン・セブ島の貧困層の子どもの教育支援ボランティア活動を行っている。著書に『世界でたった一人の自分を幸せにする方法』(経済界)、『人生がうまくいく！30代からの自信の育て方』(マイナビ文庫)などがある。

ライフコーチワールド®認定ライフコーチ
国際コーチ連盟マスター認定コーチ（MCC）
日本メンタルヘルス協会基礎心理カウンセラー
株式会社プラス・スタンダード代表取締役
ライフコーチワールド主宰

ホームページ
http://plusstandard.com/

ライフコーチング　自分を強く育てる習慣

発行日　2018年6月26日　第1刷発行

定　価　本体1500円＋税

著　者　林 忠之

デザイン　鈴木 亮
発行人　菊池 学
発　行　株式会社パブラボ
〒101-0021　東京都千代田区外神田2-1-6宝生ビル
TEL 03-5298-2280　FAX 03-5298-2285

発　売　株式会社星雲社
〒112-0005　東京都文京区水道1-3-30
TEL 03-3868-3275

印刷・製本　株式会社シナノパブリッシングプレス

ISBN 978-4-434-24845-0